日本殘像

日本殘像

死刑肯定論

しけい こうていろん

HONOO MORI

ほのお もり

森炎——著
詹慕如——譯

導讀

じょぶん

【李茂生】關於「死刑」，沒有人能置身事外！

【朱家安】「代理復仇」能證成死刑嗎？

【江鎬佑】你支持死刑嗎？如果是，請用森炎這種方式支持！

關於「死刑」，沒有人能置身事外！

——李茂生

本書的作者森炎為日本前東京、大阪地方法院法官，曾寫過一本書，翻譯成中文在臺灣出版，名為《冤罪論：關於冤罪的一百種可能》，書中道盡司法冤罪的諸種原因與面向。一般而言，認為冤罪是一種結構性產物的人，應該會比較偏向於反對死刑；然而，本書卻是《死刑肯定論》。這會讓人產生疑問，到底作者是怎麼想的。我就是基於這個疑問，接受了出版社的邀約，寫一篇類似於導讀的序言。

本來除了本書外，應該也要參考作者的其他書籍，例如《死刑與正義》《司法殺人》《為何日本人相較他國肯定死刑？》等書來進一步考察作者的原意，但是時間上不許可，而且本書的讀者也不一定對於作者本人的深層思緒有興趣，所以最後僅能以本書讀者的身分，來解析本書的內容。其實，一本書寫出來後，各類的讀者會憑自己過去的知識或感受去解讀書中意涵，作者的真意如何，也僅具次要性的意義而已。所以，以下我只憑自己的閱讀所得，嘗試說出感受，希望能夠藉此增進死刑存廢探討的深度。

本書的前半段整理了至今大家都耳熟能詳的抽象論調，作者一一詳述正反意見，初步的結論也是泛泛而論；亦即，不管是哪種說法都無法得到百分之百的能量，證立己方的說法絕對正確。不過，作者在初步的結論中，提出他的看法。他認為，對於死亡的恐懼與尋求不被他人殺害的共感，是日本這個社會的大部分人至今仍支持死刑的原因。當然，作者也不會提到日本從平安時代的弘仁元年（八一〇年）嵯峨天皇下令停止死刑的執行，一直到鎌倉時代的保元元年（一一五六年），在這三百四十七年間，事實上並沒有死刑的存在。在這段期間，日本社會的共識共存並不需要靠死刑來維持。

其實以上的論述並不是很重要，作者想解釋的是為何日本會有那麼多人支持死刑，其理由何在？而且他認為不論理由何在，日本現在事實上就是民眾支持死刑，你別妄想能夠在短期間內改變民意。針對這個議題，我也曾經嘗試提出看法，而我的解答也與作者不同。我認為羞慚與自虐才是大家支持死刑的深層心理。這個差異，可能會導致對於本書後半段意涵解讀的不同。重點在於對待民意的態度。

作者基於尊重民意的基礎上，肯任死刑的制度，並直言國家僅是收編了民間復仇的暴力，所以理應不偏離民意而執行作為復仇替代品的死刑。然而，作者於此話鋒一轉，開始論及傅柯的權力論。其認為脫離主權者所為死的權力運作後，生命權力（生的政治）開始著重人口的素質與平均數的維持，無用或甚至有害於集體生存品質的個體生命將被排除，而且這個排除機制是透過作為國家權力機構一環的司法來執行，所以生命權力的發揮會透過規訓司法官僚的死刑判決與執行來達成目標。

規訓的權力是生命權力的一環，其運作主要是透過將規則內化到行動者身上的機制而展現出來。本書最主要的特色於此逐漸浮現出來。作者認為日本司法中的死刑判決，其所敘述的判決理由，不論是被害者人數、無教化可能性，抑或是犯罪人基因中的邪惡傾向等，不僅是抹殺一個人的生命，更是將排除（或甚至說是翦除）的機制蔓延到犯罪者的家屬。至於最近針對無差別殺人事件的處刑中，甚囂塵上的管理社會中的社會安全原則，作者更直截了當地指陳出這就是一個社會淘汰機制。

這些判刑基準都是生命權力中汰除不良生命體的作用之展現，完全脫離了以死亡維繫共存共感的基本生存態樣（勸善懲惡）。簡而言之，雖然國家司法權表現出替代民眾的復仇需求，然而對某些國民科處死刑的態度，事實上是在執行汰除不良生命體、維繫均質生命態樣的生命權力機制。這是生命權力發揮作用時的極致，同時也是個極端。雖然文義上並不是非常明顯，作者於頗為隱晦之處，暗示德國納粹的人種政策與日本司法死刑判決的判準間之雷同性。同時，於此讀者可以稍微回顧一下閱讀本書至此，作者唯一認為可以合理化國家執行死刑的理由，亦即國家替代被害人國民進行報復一事，其實作者在論述中埋下一道伏筆。作者認為，如果殘虐的犯罪行為是導因於扭曲的社會結構，則司法應違反民意而拒絕使用死刑。前後對照一下，不斷被作者所謂納粹批評論述打斷思索流程的讀者，應該可以獲得暫時的結論了。

如果還是不能理解，透過下一章〈絞刑、電椅、毒氣室、藥物——死刑執行的方法論〉有關死刑執行辦法的論述，應該可以再感受一次諷刺性的刺激。作者主張不論《日本國憲法》如何禁止殘虐的刑罰，死刑的執行仍必須殘虐，不然死刑的意義就會喪失。不論《日本刑事訴訟法》如何規定，死因必須「違法」地長期被拘束自由後，充滿懊悔地從容赴死，在此期間，其思考、日常生活等都必須按照國家的意思而為，真正的模範囚應該是懺悔、反省後以死贖罪。如此反諷的論述，作者的用意已經昭然若揭。至於本書的最後兩章〈內亂與死刑〉〈戰爭與死刑、國際社會與死刑〉，如果讀者還沒有「頓悟」，那麼僅算是狗尾續貂了。

雖然本書用了許多哲學家的理論，其引用應該會受到一些專家的批判，但是整體而言，作者的用意其實頗為明確。利用聳動的標題吸引許多贊成死刑的讀者購買本書，並予以閱讀，然後期待讀者會在不知不覺中被帶領到另一個領域。

權力不是用來擁有的，權力必須被行使，針對生命權力的運作，所謂生命的意義應該不在於拒絕或反抗權力作用，而是在於身處權力關係中不斷從事的抗爭與衝突上。作者於本書做了一個示範，完整展現其自身的主體性。作者到底企圖些什麼，我不想在此多做揣測，不過面臨國民審判的時代，死刑的判決日益得到民意的基礎，此際不想成為國家司法權力的客體的國民，應該如何思考死刑的問題一事，已經迫在眉睫。本書或許可以成為贊成死刑的國民之支撐，但更重要的是，看了本書後讀者自己的思考。

「代理復仇」能證成死刑嗎？

——朱家安

對於死刑議題，不管在哲學上還是法律上，我都不是專家，感謝光現出版願意找我寫這篇導讀。以下我整理森炎的論證架構，希望能協助讀者掌握閱讀梗概，並獲得一些思考方向上的靈感。

森炎《死刑肯定論》目標明確，開門見山要以前所未有的方法點出「死刑廢止論」的錯誤，他認為過去討論死刑的正反論點，要麼不合時宜，要麼無法成為「終極的根據」，並在逐一說明老論點的瑕疵之後，基於「代理復仇」的論點，為死刑提供合理性。

在《死刑肯定論》裡，森炎回顧與批評的老論點如下：

	老論點	森炎的批評
應報	刑罰的合理目的，包括藉由對罪犯造成傷害，來協助正義回復均衡狀態。	以眼還眼、以傷還傷的「絕對式應報」已不受先進國家接受，僅剩講求罪行和懲罰應比例相當的「相對式應報」。相對式應報本身並不要求以死還死，但原則上也沒有排除這可能性。
教育	刑罰的合理目的，包括協助罪犯更生返回社會。	死刑顯然沒這效果。
威嚇	刑罰的合理目的，包括藉由威嚇來阻止犯罪發生。	首先，威嚇説會產生一般人不願意接受的後果，例如為了讓威嚇的效果增加，應該公開處刑，或者讓小奸小惡也足以處死。再來，以死刑威嚇，是不正當地把人命當成工具。最後，根據統計，死刑的威嚇效果並不好。
身體	死刑已經落伍了。基於人道主義，現代國家應廢除所有傷害身體的身體刑。	一些學者認為，近代國家揚棄身體刑，並非出於人道考量，而是出於資本主義或有效規訓的考量，以此看來，是否「落伍」，不能成為左右死刑存續的理由。

	老論點	森炎的批評
預防	刑罰的合理目的，包括避免犯人再犯。	若是為了避免再犯，無期徒刑就夠了。若是為了將惡性重大、不值得活的人抹殺，則預設了令人無法接受的優生學看法。

在森炎看來，以上論點都無法為死刑存廢提供「終極的根據」，並且指出，從「正義論」（「廣義的道德哲學、政治哲學，或者基於此等之法學討論」）出發的死刑討論，可能反而走入因為個人正義感不同而形成的僵局。森炎引用哲學家羅爾斯的著作《正義論》說明，現代正義論致力於討論財富分配，因此死刑可能已經脫離其關注範疇。

在這裡，森炎的部分判斷可能出於對當代哲學研究的誤解。羅爾斯《正義論》主要關注的分配正義（distributive justice）只是哲學上正義相關議題之一，其餘的正義討論如應報式正義（retributive justice）和修復式正義（restorative justice），都與包括死刑在內的一般刑罰合理性有關，而它們當然都屬於「廣義的道德哲學、政治哲學」的討論。

不論如何，相信正義論無法為死刑存廢帶來確實的終極根據，森炎認為我們必須從權力和被害人情感著手。

首先，森炎呼籲讀者注意那些看似文明的現代國家使用權力控制民眾的種種伎倆。引用哲學家傅柯的說法，森炎指出，近代國家從過去君王絕對的「主權權力」轉向「生命權力」和「規訓權力」，但終究不脫離其為了國家延續而控制人民生命和行為的本質。為了確保有足夠多的好國民來維持國家，國家以教育規訓國民、以保健維持國民的健康，並且在必要的時候以死刑抹殺國民。

國家是為了人民而存在，而不是倒過來。森炎認為上述這些都是權力的濫用，並指出職業法官同樣受到規訓，僵化地順從「死亡人數基準」的慣例來進行判決，以致於無法妥善回應個別案例之間的差異。

支持死刑，但不支持國家為了抹殺人民而動用死刑。森炎認為，在施行裁判員制度的日本，人民裁判員不像職業法官那般受過規訓，因此有機會對抗權力的濫用，「在權力內部顛覆權力」。然而，如果人民不該套用職業法官的判準來判斷死刑，那該依照什麼判準呢？

森炎認為，死刑的合理性無法來自國家抹除人民的意圖，但可以來自被害人遺屬的復仇情感與其引發的社會共感。在森炎看來，法制刑罰意味著人民把自己的復仇權交給國家代行，在這種情況下，死刑廢除論反而比死刑肯定論更為可議：「國家從被害人手中拿走復仇權後，還認為國家可以不替代被害人行使復仇權，甚至完全不允許復仇權由國家代為行使，才是一種特殊的意識型態。」

我對法律上死刑的討論不了解，不過若要從森炎的看法進一步思考，或許以下這些方向可以給你一些靈感。

首先，刑罰是不是國家代理復仇，可能有討論空間。因為我們也可以說，其實國家並沒有收回復仇的權力，國家收回的只是竊盜、傷害、殺人的權力：當你被砍傷，你無權以刀還擊，而行動逾越權力範圍的對方，則該因此受審判，最後，只要你的復仇手段不違法，法律是允許你遂行的。森炎說：「犯罪原本就是一種實力的行使。尤其是殺人，更是最為嚴重的不當實力行使。儘管如此，國家權力只回收被害人的實力行使，其中的思考脈絡令人質疑。」森炎的說法不準確，因為國家當然也有收回加害人的殺人權，如果國家沒有收回殺人權、如果加害人是在擁有殺人權的情況下殺人（例如處刑人），那加害人就不需要接受審判了。

再來，森炎主張國家收回復仇權，所以必須代理之，這也可能會產生疑慮：國家同時也收去我們竊盜、歧視的權力，為什麼這些權力就不需要被代理？當我想要竊盜或歧視某些人，為什麼國家沒責任幫我遂行？如果這種代理需要以「復仇的社會共感」為前提，那在納粹時代支持驅逐和殺害猶太人的，不也是一種「復仇的社會共感」嗎？

第三，若認真看待國家代理復仇的責任，我們就必須決定，怎樣的復仇才是合理的復仇，對於某些殺人者，為什麼死刑可以算是合理的復仇，而終身監禁不算。以森炎的說法來看，復仇的合理性取決於被害人遺屬的復仇情感和社會共感的同調，假設我們面對真正人神共憤的罪犯，被害人遺屬和社會多數都認同，應該要殘忍公開凌虐他才稱得上是合理的復仇，那森炎恐怕就必須面對他當初用來質疑死刑威嚇論的那些論點。如果森炎認為，基於一些理由，復仇應該以死刑為上限，不該使用極刑、公開處刑，那森炎的對手或許也有空間可以推論主張，復仇應該以終身監禁為上限，不該使用死刑。

你可以看出，我並不全然同意森炎的論點，事實上，我在死刑存廢上的立場，原來也與他不同。不過，這些條件並沒有讓《死刑肯定論》成為對我來說不值得讀的書，其實正好相反。

身為多元民主社會公民，人不可能避免的任務，是與立場不同的人一起做出政治決定，在這種情況下，我們勢必要嘗試理解不同立場的論點與理由，尋找溝通協調的可能。

著眼於此，森炎整理過去關於死刑的討論，並提出一個明確的支持方論點，這對於參與討論的雙方來說，其實是一種服務。如果你關心死刑議題，並且不介意利用這個服務來讓自己對議題雙方的論點有更好的理解，那就翻開下一頁吧！

你支持死刑嗎？如果是，請用森炎這種方式支持！

——江鎬佑

「你支持死刑嗎？如果是，請用森炎這種方式支持！」

這是我閱讀完這本書後，想與本書讀者說的話。作者森炎是一名親身經歷過死刑案件的審理者，而這本《死刑肯定論》堪稱是森炎追尋死刑根據的旅程筆記。對於國家權力的恐懼，並深信死刑不是解決事情的最終方案，在存置與廢除的爭論下，我心裡的鐘擺總是往廢除的那方傾斜。然而這樣的思考與主張並不輕鬆，畢竟每回重大刑案發生，或是想像自己的親人被殺害時，我都得捫心自問，這樣的主張是否正確，是否是好的？而這本書正好提供了一個機會，讓我們透過森炎的眼，加深自己思考死刑的根據，也質問心中對死刑的看法。

不管在哪個國家，死刑制度的存在與否，總是個吵不完的話題。在本書前三章裡，作者先從一個常見於網路上死刑討論的命題開始：「究竟死刑的存在是對生命的尊重或是蔑視？」死刑的存在，意味著我們可以透過制度剝奪特定人的性命，剝奪特定人的性命顯然是對生命蔑視的行為；然而倘若死刑不存在，不也意味著我們縱容了特定人對他人生命剝奪的蔑視？不過，這個簡單的思考命題放入人的腦中時，其實有些前提被我們預設了卻不自知，譬如，前者命題設定了死刑的存在必定有「剝奪生命的前行為」，但是現實上來說，死刑的存在未必有一個剝奪生命的前提，像在臺灣販賣毒品也是一條設定了可以科處死刑的罪。

接著，作者快速地從漢摩拉比時代爬梳到啟蒙時代關於死刑思想的論述，這個快速推演不同年代死刑存廢的章節，不僅在於讓讀者理解不同時代裡關於死刑的論述，我們更可以從中重拾那些對於當時刑罰的特別意義，也認清在時間的巨輪下，許多過往的存廢論述在當代已經失去它的意義。一如每每社會重大案件發生時，我們還是會在留言串中看到許多人拿「以眼還眼」作為肯認死刑的論述，然而這個發文者在留言的彼刻，卻也往往忽視當時漢摩拉比法典要求的「初次」與「同態」，以及「私人報復進入共同體」的特徵，自然無法意識到當年的「以眼還眼」在當代只剩下「由國家代表共同體發動刑罰」的這層意義，一如眾人高舉盧梭與康德主張「對殺人罪只能處以死刑」，卻忽視該主張是奠基於竊盜可以絞首的啟蒙時代。

在本書的第三章，作者分別盤點了哲學家與法學家如何看待死刑。首先，作者指出一些古典時期哲學家對於死刑的思考，接著進入幾位耳熟能詳的哲學家看待死刑的角度，包含盧梭、貝加利亞、康德等人奠基於社會契約論對於死刑的思考。爾後，隨即進入法律系學生熟悉的應報理論、教育刑、一般預防與特別預防觀點。然而在這個盤點的過程裡，作者似乎仍然無法取得他在序章中所追求的死刑根據觀點。依作者的觀察，黑格爾、馬克思、海德格、傅柯都認為死亡本身即是許多人類社會制度奠基的基礎，而這個觀念是重要的，因為人既然從出生之始就開始邁向死亡的旅程，為了抵抗對於死亡的恐懼，死刑存在本身所帶來的恐懼感，可以讓人類形成遵守特定法律規範的意志，所以禁止殺人也存在著對死刑的恐懼。不過，這個盤點的過程也令人心傷，畢竟依舊無法尋得死刑的根本根據。

結束完前幾章關於死刑根據的盤點後，作者開始透過傅柯的觀點清楚描繪了國家權力在當今社會的作用。在傅柯的權力分析下，現代社會國家權力的彰顯源於對於生的控制與死亡的賦予，生的控制可見於「優生保健」，死的賦予則可見於死刑的科處，國家權力不會任意作用，僅作用於有用處的時候，所以不是所有的罪都得科處死刑；畢竟如果給予教化，讓他重歸社會，他還有「生產力」有益於社會。在這個描述底下，人不過是像駭客任務裡一個一個供給母體能量的存在，而死刑的科處則是用來拔除那些無法讓群體可以往前進一步的人。這樣的拔除推到極致，更意味著意圖拔除「難以去除的犯罪性向」。原來就支持死刑存置的人閱讀到這裡，或許會一度覺得取這個書名，根本只是想用標題騙取點閱率的招式（畢竟作者開始分析起國家權力時，大概會覺得，哼！根本又是一個來騙我要主張廢死的……）。然而，當作者又把討論的渠道深入被害人的復仇並且將死刑鏈結時，彷彿聽見作者在碎嘴：當國家收歸被害人復仇權時，應該或多或少代為履行，並且實施原本被害人想要執行復仇的心。

人在當代社會中，生活的保障從社會轉嫁到個人，國家權力往治安傾斜，縱使犯罪統計數據不論在日本或臺灣都變得更好，國民的意識卻仍覺得治安惡化，這是因為內心對於死亡的恐懼，個人的生存安全遠大於一切，讓死刑成立看來合情合理。然而，即使無期徒刑也一樣可以履行國家允諾的社會安全保障，那麼為什麼死刑的存在總是優先於其他選擇呢？答案應該不僅只為了防衛社會。

當被害人的復仇權被國家收歸時，死刑能否作為這個被害人復仇權的替代品？當國民對特定案件喊打喊殺，並且將完全不相關的案件視為自己切身相關的一部分時，似乎可以從這樣的呼聲中得出，死刑的存在是數千年前被害人復仇權的遺緒，並在旁人高喊著保護被害人的口號而呈現。然而不可忽視的是，當受保護的「被害人」與輿論的喊打喊殺發生衝突時，死刑是否忠貞地反映了「被害人」所望？如果說死刑是國家收歸了復仇權，有些時候是否必須忠於被害人心中所望？然而，執行著一如過往王權的司法權，有時會恣意地不遵照被害人的意思，特別是當被害人明白表示意思時，國家在統計數據上仍然會因為被害人數眾多，而與被害人情感分裂。因為當人數愈多時，司法權又會基於安全社會的理念向死亡傾斜。死刑在當代可說是由被害人復仇的渴望與社會安全的交織。

這是一本很難的書，書中提及的哲學家諸如康德、黑格爾、班雅明、傅柯、哈伯瑪斯、德勒茲、瓜達希，對於多數的讀者來說，光要精通其中一兩位哲學家的說法就是一道知識門檻，更何況對於多數臺灣人來說，僅能將他們理解為歷史課本上的人名，甚或對於每個哲學家的主要見解又僅來自於哲普書或圖解哲學家的書籍時，閱讀的過程中難免痛苦。不過或許，作為讀者的我們可以先將這本書理解成死刑論述的紙本維基百科，或是打筆戰的攻略包，畢竟本書不僅清楚爬梳死刑於法學、哲學上的意義與目的作用，連鮮少出現在輿論討論範疇的戰爭也收錄在書中。

也許作者是希冀透過哲人的眼光，讓讀者可以描繪出死刑背後的國家權力作用，看清源於人類對於死亡的懼怕；將死刑作為寬厚自己生命的防衛機制，則可以看清人類還存在的根本復仇慾望。在閱讀完這本書後，支持死刑者可以一如作者依舊肯定死刑制度的存在，只是請誠實面對你心中是否認為，有少數人冤罪也無所謂的心態；支持死刑廢除者也莫忘你或多或少忽視了被害人想復仇的心。或許唯有雙方都抱持對一些人虧欠或內疚的心，討論開始後才能互相諒解。

前言

まえがき

前言

まえがき

導入裁判員制度[1]後，涉及死刑問題的狀況也隨之出現劇變。實施新制度後，無論願意與否，市民都不得不面對死刑判斷的問題。實際上，裁判員代表市民宣判死刑的案例，迄今已逾二十件。

因此，死刑問題確實已經成為市民社會中必須加緊腳步來重新檢視的課題，所有市民也必須認知到，死刑制度的黑白是非與每個人都有切身關係，並非遙不可及。

然而，目前在言論場域中論及死刑時，似乎只不斷重複著過去的死刑存廢論辯。依我看來，在現狀已然呈現戲劇化轉變的當下，這些論辯才是真正阻礙市民覺醒的元兇。

過去在哲學範疇中，康德（Immanuel Kant）[2]曾以《純粹理性批判》（*Kritik der reinen Vernunft*）一書，自陳對認識論進行了哥白尼式的顛覆革命；在存在論領域中，海德格（Martin Heidegger）[3]則在《存在與時間》（*Sein und Zeit*）中傲言，要下刀剖析過往哲學家屢試未果的「存在」。延續相同意義，我要在此宣稱——本書將以前人未曾嘗試的方法，探問死刑的根據、點出死刑廢止論的錯誤。

之所以敢出此近似誑誕詐欺師般的言論，自然有其理由。筆者擔任刑事法官時，接觸過數起血淋淋的殺人事件，因此，始終對主張廢死的冠冕堂皇理論感到揮之不去的彆扭。同時，我也不認為過去死刑存置論的根據，足以支撐斷絕人命的死刑之結論。我曾經直接或間接接觸到許多案例，例如，類似「前額葉白質切除術殺人事件」[4]般掏剜人性深處的案件；人人稱羨的上流家庭在光天化日之下慘遭強盜強姦，街頭巷尾喚為「國立主婦命案」的慘劇；「多摩小鋼珠店強盜命案」這樁來自中國的外國人死刑現象

1 裁判員制度：日本於二〇〇九年開始實施的新式刑事審判制度，從一般市民中選出的六名裁判員與三名職業法官，共同參與重大刑事審判。

2 康德（Immanuel Kant；一七二四～一八〇四）：德國哲學家。

3 海德格（Martin Heidegger；一八八九～一九七六）：德國哲學家。

4 前額葉白質切除術殺人事件：一九七九年，一名被強制進行前額葉白質切除術的患者，闖入主刀精神醫師家中，殺害了醫師的母親與妻子，並自稱犯案動機為讓世人了解當時該手術的問題。

之肇始等案例。

忝任官職時，我也實際參與死刑判決。正因如此，更極力想找出死刑的根據。目前的法界僅以討論死刑廢止論為主流；不過在本書中，將超越死刑存廢的爭論，提出死刑制度的根據。

大話誇口就到此為止，不過我應該再多介紹些實際內容。

本書與以往討論死刑存廢的論辯有清楚的區隔。首先，過去關於死刑存置與廢止的討論，其實都陷入時代錯置的矛盾。在本文中將會詳述，這種討論無法直接套用於現今的狀況。本書中將徹底剖析當前時代的極限，以批判角度重新叩問死刑存置論與死刑廢止論的刻板意義。

其次，以往的死刑存廢爭論並未提出在正義論上的絕對根據。因此，不管討論多久，永遠都是兩條平行線。相較於此，本書的死刑論則帶著較獨特的色彩，除了探討死刑制度的各種根據，同時一併討論死刑究竟有沒有絕對，或者無從撼動的根據。筆者的目的並非像死刑存廢討論一樣，僅以相對性的比較論告終，更企圖窮究死刑終極的根據。

根據官方的輿論調查，現在日本約有超過八成市民贊成死刑。既然如此，這些數據背後理應存有終極的根據。

第三，既有的死刑存廢論辯，應屬所謂的正義論（廣義的道德哲學、政治哲學，或者基於此等之法學討論），但死刑問題不能僅以正義論來切入。如果僅以正義論的範疇來思考，那麼最後可能會走入各人正義感不同（說得更具體些，就是情感論）的僵局。

那麼，究竟如何才能有真正扎實的死刑論呢？首先，無可避免的，一定得從權力論的層次來探討。從市民觀點來看待死刑制度時，不能缺少帶給國民死亡這種「死刑權力」的觀點。過去的死刑存廢爭論中，往往忽視了這一點。

死刑屬於國家三權中司法權的一種，說得更具體，這是刑事司法權中掌管生殺的權力。死刑只是眾多權力的其中一種。不，在各種權力中是最強力，也最殘酷的權力。也可以說，這是一種在極限狀況下袒露出其初始姿態的國家權力。因此，談論死刑不能缺少權力分析的觀點。死刑問題絕對無法單純從正義論角度來討論。

第四，我們需要有死刑判決的觀點。姑且不管死刑存廢論辯孰優孰劣，現在的日本依然存在死刑制度，事實上每一年也都有日本國民被判處死刑。該如何面對死刑判決，已經是刻不容緩的課題。

把死刑正當化的具體原理，從訴訟結構上來說，可以區分為①被害人、②罪犯（被告人）、③我們（社會）。也就是說，可以用「被害人的復仇情感」「罪犯的惡性」「安全社會的理念」這三大原理來代表。本書將立基於這三大主題與死刑正義論的關係，闡明其在權力論上包含何種問題，爬梳出「正義論—權力論—市民裁判論」的理路。

死刑判決牽涉的種種問題，包括被害人情感、被害人保護、犯行的殘虐性、計畫、慣常性、更生可能性、隨機式無差別性等，皆可包納於上述三個切入角度中。

此外，在永山事件最高法院判決[5]等案例後，社會上普遍知道日本的刑事司法有所謂「死刑基準」。法院長年以來，都採納以被害人數為框架的公式化基準來判斷死刑。這種形式性從根本來說，並不符合死刑量刑這種理應最具人性的作為。然而話雖如此，也不能沒有任何方針就貿然決定生命刑（「剝奪生命的刑罰」）恰當與否。

有鑑於此，對於已成裁判慣行的「死刑基準」這種特殊技術，本書將盡可能找出其與更高層次根本論點之關聯性。換句話說，在死刑的正義論和權力論的關係中，筆者試圖釐清「死刑基準」應如何定位。藉此，或許可在環繞著死刑的新問題狀況中，讓具備「基準」的意義更加明確。

本書中，為了以從根網羅的方式在市民面前呈示清晰的死刑論，竭力將死刑存廢爭論等既有討論一舉納入。不過另一方面，也引用了許多新觀點，從這一點看來，或許帶有些許思考的冒險，甚或思考實驗的色調。

以後者來說，打個比方，就像是一條崎嶇旅程。這不是一本試圖獲取讀者共鳴的書，也並非井然陳述作者的思考和邏輯。死刑問題，原本就該由每一個人自己去探究根源，自行打好基礎，然後獨立思考、決定前路。

我衷心希望各位也能試著走上這條路，或者與我相伴一途。

5 連續射殺四人的被告永山則夫，在第二審改判為無期徒刑；一九八三年，日本最高法院接受檢方上訴，撤銷高等法院的判決，列舉九項對不得已宣判死刑的參考標準，後慣稱為「永山基準」。該基準內容包括：①犯罪性質；②動機、計畫；③犯行樣態、偏執性、殘虐性等；④結果之重大程度，特別是被害人數；⑤遺屬的被害人情感；⑥對社會的影響；⑦犯人的年齡、犯案時是否未成年等；⑧有無前科；⑨犯後情狀。

目次

もくじ

Contents

目次

導讀

004 關於「死刑」，沒有人能置身事外！——李茂生
010 「代理復仇」能證成死刑嗎？——朱家安
018 你支持死刑嗎？如果是，請用森炎這種方式支持！——江鎬佑

025 前言

序章 市民判斷死刑的意義

市民が死刑判断をする意味

046 隱藏在市民裁判中的觀點
047 標榜合作的「動員令」
049 裁判員必勝的機制
052 裁判員審判為市民的抗爭手段
053 開放的社會與死刑

第一章

死刑的
二律背反

死刑の
二律背反

060 死刑存廢問題的二律背反
061 人命與人權尊重的二律背反
064 與戒律「不可殺人」的關係
065 剝奪生命可以「償還」嗎？
066 「目的＝手段」的假象對立
068 為了開啟新的死刑論

第二章

死刑論的
時代侷限

死刑論の
時代的限界

072 「以眼還眼」——同態報復為限制原理
074 近代啟蒙期的死刑思想
076 「竊盜處以絞首刑」的時代背景
078 死刑肯定論者貝加利亞
080 監獄不完備導致的本末倒置

第三章

死刑的所有根據

死刑の全根拠

084 哲學家如何思考死刑？
090 應報刑——罪行的大小與刑罰的輕重
095 教育刑——危險性與改善更生
096 一般預防——威嚇與儆戒
099 特別預防——防止再犯與社會防衛
103 重罪再犯與終身刑
104 身體刑與自由刑
106 關於死刑之前近代性的對立
109 法律與權利的「關鍵」——德西達的死刑論
110 人類社會與死亡的不安——黑格爾、馬克思、海德格、巴代伊、傅柯
113 作為社會制度的死刑

第四章

是否該因冤罪問題而廢死？

冤罪問題で死刑を廃止するか

120 英法的「反輿論式」廢死
121 死刑執行後發現的嚴重冤罪——英國埃文斯事件
122 平行的論戰
124 輿論能否凌駕冤罪不正義之上？
128 儘管如此，依然持續死刑制度的理由
131 不正義之比較的不可能

第五章

死的權力之全貌

死の権力の全貌

136 從正義論到權力論
138 死刑與傳統權力
140 死刑與近代工業社會
143 排除邏輯的產生
144 淨化的悖論
147 和緩且合理的權力之可怕
149 資本主義與集團規律化

規律訓練與刑事司法 152
日本的刑事司法何以令人絕望？ 154
難以用正義與否來斷定的討論 156
通往市民死刑論的路徑 159

第六章

被害人的復仇情感是否野蠻？

被害者の復讐感情は野蛮か

作為刑罰淵源的應報刑 164
被害人的復仇權 166
復仇是野蠻還是偉大？ 169
作為一種復仇替代品的死刑 170
保護被害人的構圖 172
支撐死刑的社會共感 174
忽視被害人情感的死刑 176
被害人情感被迫讓步的情況 178
令人深思死刑意義的前額葉白質切除術殺人事件 181

第七章

人數基準是否有意義？

人数基準に意味はあるか

「殺害多人判處死刑」的根據 188
僵化的人數基準 190
連續殺人與單一殺人的比較 192
【愛知縣兩名交往女性命案】
【沖繩女中學生命案】
縱火、爆炸案件——同時多數殺人 195
【館山住宅縱火四人燒殺事件】
【熊谷養雞場宿舍保險金目的縱火殺人事件】
人數基準與被害人情感的分裂 198
「罪與罰比例原則」的意義 200
隱藏的統計思考 201
死刑的點數計算 203
被害人數的意義何在？ 205

第八章

惡性能否成為根據？

惡性は根拠になるか

210 犯罪者的惡性與生命刑的關係
212 死刑法理「難以去除的犯罪性向」
216 重罪再犯與生命的抹殺
218 往內在傾向傾斜的死刑
220 否定生命價值的司法
222 權力式司法的矛頭——犯人的家人處境
224 法官脫軌的攻擊性
226 被害人的復仇原理與加害者的惡性原理
227 「消滅罪惡」的思想病理
231 惡性原理帶來的死刑矛盾

第九章

期待死刑的「安全社會」

死刑を求める「安全な社会」

236 何謂安全社會？
237 「人身安全」與「安全社會」的差異
239 「安全與死刑」的正義論
241 什麼是安全的矛盾律？

現代福利社會與權力的改變 243
管理社會的新權力 245
現代思想「從自由到安全」的轉移 248
死刑的第三原理 250
社會防衛的界限 252

第十章

絞刑、電椅、毒氣室、藥物——死刑執行的方法論

絞首刑、電気椅子、ガス室、薬殺——死刑執行の方法論

絞刑違憲論 258
「人道死刑」的悖理 259
心神喪失狀態下的死刑停止 261
死刑執行方法的法制史 263
死刑的感動與啟發——日本的死刑執行 266
死因與哲學家的對話——風俗業界最底層命案 268
「悔改而死」的欺瞞 269
連死亡方法都企圖控制的貪婪權力技術 271

第十一章

內亂與死刑

国内騒乱と死刑

276 另一種死刑原理
278 班雅明《暴力的批判》
280 內格里的革命論
283 暴力裝置的等式
285 奧姆審判為一場司法戰爭
287 司法戰爭的敗者

第十二章

戰爭與死刑、國際社會與死刑

戦争と死刑、国際社会と死刑

292 「戰爭＝死刑」的關係論
296 戰爭作為一種祭典
298 國際正義分裂症
301 何謂日本死刑的獨特色彩？
304 死刑廢止的國際潮流
306 從世界視野看日本的死刑

結語

序章

市民判斷死刑的意義

市民が死刑判断をする意味

隱藏在市民裁判中的觀點

標榜合作的「動員令」

裁判員必勝的機制

裁判員審判為市民的抗爭手段

開放的社會與死刑

隱藏在市民裁判中的觀點

首先請容我說明，本書的目的在於提供市民關於死刑論的「新知」，而非批判。起筆意圖，從來不在於進行過度的意識型態批判。

儘管如此，我們仍不得不說，裁判員制度中確實存在看不見的權力意圖。這些意圖可以從規範新制度的《裁判員法》中略窺一二。

在《裁判員法》中，有這麼一段無意中透露出本意的句子：「有鑑於與法官一同參與刑事訴訟手續，有助於增進國民對司法之理解……」（《關於裁判員參加之刑事裁判相關法律》〔編按：簡稱《裁判員法》〕第一條）由此可以窺見，掌權者欲透過參與刑事裁判來啟蒙國民的意圖。

假如政府當局確實帶著此種想法，首先，這對市民相當失禮。市民耗費不少時間和勞力參加審判，對生活、工作都帶來不小的負擔，精神負擔更大。沒有市民願意如此做出犧牲、承受這些負擔，只為了被「啟蒙」。

其次，啟蒙也不該由掌權者來執行。由掌權者所進行的不叫啟蒙，是一種權力化的嘗試，而且也只有這個可能。

身為自由且自律的市民，絕對不能受到當局的啟蒙；那會是對權力的迎合，只會讓掌權者遂其所願，削弱市民的意志而已。

換句話說，僅從《裁判員法》一條中窺見的掌權者盤算，反而會招致市民的抗拒。不僅無法如同條文字面讓市民認同為參與的根據，更會成為讓市民的抗拒與鬥爭必然化的反向根據。

標榜合作的「動員令」

根據官方說詞，頌揚職業法官與市民攜手的裁判員制度，是一種結合專業知識與市民感覺的合作。

職業法官和市民彼此貢獻己力和特長，聯手導出一個結論，這是多麼美麗又可疑的理念。我之所以說可疑，是因為這當中隱瞞了不恰當的前提。

既然高唱裁判員制度是藉由市民參與來落實司法民主化，那就意味著市民和職業法官並非站在相同立場。假如已經是相同立場，那麼就和以往的司法沒有兩樣，(司法的民主化) 不會因邀請市民參加而實現。既然舉出以市民參加來促進司法民主化之實現這個大前提，照理來說，市民與法官應該無法輕易取得共識。歌頌「合作」，只是刻意掩蓋這種與權力論有關的大前提。

當然，裁判員最終還是會進行審判、裁決被告。所以，從「與法官一起從事審判活動」這層意義來看，或許稱得上是一種合作。不過，這並不是單純的合作。這種合作前提有著極大的差異。具體合作的內涵中，一定會出現因立場不同導致的差異。

如果不能秉持荀子所謂「是是非非」的精神，進而「是非、非是」，根本等於被權力同化。

換句話說，不管怎麼樣都得勇於面對法官。面對被告人之前，先得面對法官。首先，我們必須認清日本的職業法官具備何種權力，又行使著何種權力。這才是認識市民裁判意義最重要、最基本的一點。

打個比方，當市民要成為權力的一部分、進行裁決之前，必須先與權力奮戰，與企圖將自己納入、融而為一的權力奮戰。再換個說法，只是汲汲營營於裁決被告人並沒有意義，那只是單純被動員為司法權力助勢罷了。

裁判員必勝的機制

裁判員制度的立法是司法制度改革的一環，姑且不看立法旨趣和當局的意圖，就結果來說，這條法律給予市民極大的權限。

在新的日本刑事裁判（裁判員審判）中，裁決者的人數結構原則上由三名職業法官搭配六名裁判員。至於每人的權限比重，職業法官和裁判員並無不同。確定結論的方法採多數決（過半數單純多數決；不過有修正要件，若為有罪判決則需有一名法官贊同）。

根據上述，如果將裁判員審判視為對職業法官的批判和抵抗機會，那將會是市民必勝的局面。

日本的裁判員制度和其他採取相同制度的外國相比，也是由市民占了優勢。

市民參與司法的型態大致可分為陪審制和參審制。前者是僅讓市民參與判定有罪或無罪的制度；後者則是不僅有罪、無罪之判定，在判斷該處以何種刑罰的階段也讓市民參加。在刑事裁判中，判斷有罪、無罪必須深究其有無犯罪事實，基於這層意義，稱之為「事實認定」論；至於科處何種刑罰的判斷，根據其裁量刑責的意義，稱之為「量刑」論。陪審制和參審制，除了市民參與領域的不同之外，還有上述功能差異。

前者（陪審制）中，市民的參與僅限於事實認定論，不過在該範圍內不須與職業法官討論，純粹由擔任陪審員的市民一起討論、決定（另一方面，量刑論則皆由職業法官決定）。後者（參審制）中，市民參與事實認定論、量刑論兩者，不過並不排除職業法官，兩者一起進行討論和決定。

整體來說，其差異在於前者（陪審制）為分工司法，後者（參審制）為合作司法。

裁判員制度當然屬於後者（參審制），不過在採取同樣制度的國家裡，日本的新制度中市民權限較大。也就是說，放諸國外，有些國家的市民權限並非決定權限，而只是參考意見（例如韓國）；有些則讓職業法官和市民的比例為「三名」對「二名」（例如德國）；也有不少國家透過某些形式來抑制市民發言權，企圖削弱市民的力量。

而在日本，只要市民有心，確實可以從內部改變司法。換句話說，日本的市民具有在權力內部顛覆權力的方法。

通常第一審判處死刑、無期徒刑者之變遷（依罪名區分）2000年～2009年

死刑

年	總數	殺人	強盜致死
2000年	14人	6人	8人
2001年	10人	5人	5人
2002年	18人	12人	6人
2003年	13人	9人	4人
2004年	14人	9人	5人
2005年	13人	11人	2人
2006年	13人	2人	11人
2007年	14人	10人	4人
2008年	5人	3人	2人
2009年	9人	5人	4人

無期徒刑

年	總數	殺人	強盜致死傷、強盜強姦	其他
2000年	69人	20人	47人	2人
2001年	88人	20人	62人	6人
2002年	98人	22人	72人	4人
2003年	99人	15人	80人	4人
2004年	125人	33人	82人	10人
2005年	119人	38人	77人	4人
2006年	99人	26人	71人	2人
2007年	74人	21人	44人	9人
2008年	63人	16人	42人	5人
2009年	69人	18人	50人	1人

《犯罪白皮書 2010》
資料取自司法統計年報與最高法院事務總局之資料
「殺人」不含幫助自殺、加工自殺及預備
「強盜致死（傷）」包含強盜殺人

裁判員審判為市民的抗爭手段

前面提到「市民具有在權力內部顛覆權力的方法」，接下來我想根據華特．班雅明（Walter Benjamin）[6]的《暴力的批判》（*Zur Kritik der Gewalt*）來說明其意義。

裁判員活動是在司法權力內行使的權限。裁判員只不過是身處於司法權力這種權力內部，行使「法—權力」所承認的權限。儘管如此，裁判員活動依然稱得上具備真正的革新性、革命性。

根據班雅明的說法，行使各種權力（甚至是暴力）時，有一種無法單純納入既有「法—權力」框架中的「法律創制」（Law-Making）。在《暴力的批判》中，舉出組織中勞工的總罷工（總同盟罷業、全國規模的罷工）作為一例。

罷工是法律認同的權利，然而罷工權的行使倘若規模擴大遍及全國，就可能從總罷工演變為動亂、從動亂演變為革命。原本僅是在「法—權力」框架內的平常現象，有可能轉化為革命。

值得注意的是，這條路徑是由既有的「法—權力」鋪設好的。因此，勞工總罷工在國家秩序中占有極特殊且有利的位置。現存的「法—權力」本身容許這種通往革命的準備行為，勞工也具備這種手段。也就是說，在既有秩序內，勞工可以合法擁有革命的手段。

裁判員在司法權力內權限行使，就相當於班雅明的「法律創制」總罷工。

裁判員時代的市民可以利用既有「法—權力」所鋪好的道路，進入革命狀態。現今的時代裡，市民手上確實握有司法革命的手段。

開放的社會與死刑

以上這些事實對於死刑問題具有相當重大的意義。

6 華特・班雅明（Walter Benjamin，一八九二～一九四〇）：德國哲學家、文化評論家。

如同前面所說，市民可以透過裁判員審判，從內部來改變整體刑事司法。話雖如此，也不能忘記審判還伴隨著法律技術問題。比方說，要如何依照證據來判斷有罪、無罪，對於首次參與審判的人來說，一定會感到迷惘和困難。此外，一般的量刑論（「該判處何年徒刑」）最後都需要決定數字，這時難免會牽涉到既定的裁判慣例，對進行裁決的市民來說，有著外在的侷限。

相對於此，死刑問題屬於市民習於判斷的範疇。與其說這是法律論的領域，不如說是社會思想、國民意識、一般文化的問題領域。討論死刑問題時，儘管沒有法律素養，也無須在裁判時有任何畏懼或顧慮。在裁判員審判中，市民對於死刑制度抱持何種想法？如何看待個別死刑判斷？如同字面，市民的審判確實與法官擁有同等比重和力量。

在這個新制度之下，死刑問題確實對市民和市民社會大加開放。只要市民有心，都可以對法院關於死刑的權限行使諸如發動（或者不發動）死刑權力，來進行明確的批判、抵抗，甚至反對。

最近，東京高等法院連續駁回兩件裁判員審判的死刑判決（**東京高裁平成二十五年六月二十日判決、東京高裁平成二十五年十月八日判決**）。既然日本採取三審制度，

死刑判決與執行的流程 1991 年～ 2009 年

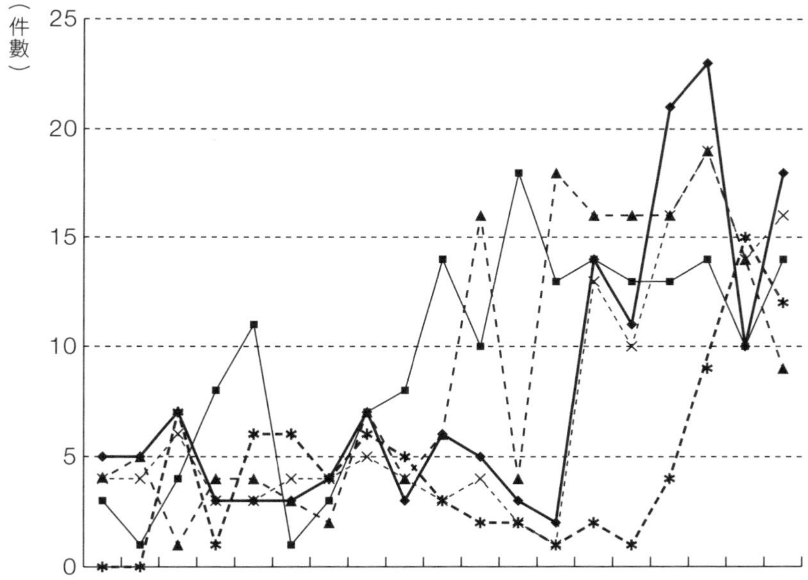

（年次）	91	92	93	94	95	96	97	98	99	00	01	02	03	04	05	06	07	08	09
死刑確定	5	5	7	3	3	3	4	7	4	6	5	3	2	14	11	21	23	10	18
第一審	3	1	4	8	11	1	3	7	8	14	10	18	13	14	13	13	14	5	9
控訴審（第二審）	4	5	1	4	4	3	2	7	4	6	16	4	18	16	16	16	19	14	9
最高法院	4	4	6	3	3	4	4	5	4	3	4	2	1	13	10	16	19	9	16
死刑執行	0	0	7	2	6	6	4	6	5	3	2	2	1	2	1	4	9	15	7

〈裁判員審判下是否可望縮減、廢止死刑？〉《法律時報 82 卷 7 號》P16

當然可能出現這種否定裁判員審判的現象。但是從另一方面來看，這也顯示裁判員審判具備權力內鬥爭的意義。市民必須自覺裁判員審判是一種鬥爭的場域和抗爭手段。東京高等法院此種堪稱反動的反應，反而促進市民的自覺。

不只是成為裁判員的市民，當所有市民能掌握機會積極進行討論和思考，將會促使這股抗爭力量更加成熟。前面說過，在新制度下死刑問題會對市民社會開放，為了促使鬥爭正應該開放。

第一章

死刑的二律背反

死刑の二律背反

死刑存廢問題的二律背反

人命與人權尊重的二律背反

與戒律「不可殺人」的關係

剝奪生命可以「償還」嗎？

「目的＝手段」的假象對立

為了開啟新的死刑論

死刑存廢問題的二律背反

儘管時代轉變，死刑存置論和廢止論的對立依然重複著相同的論戰，始終沒有結論，這或許是因為關於死刑的思考已經陷入「二律背反」（antinomy）。

康德在《純粹理性批判》中，提出第一條到第四條理性的二律背反——「空間與時間的有限、無限」「構成物質世界最小單位的有無」「自由意志與因果法則」「絕對者的存在」，明確地釐清哲學上獨斷論和懷疑論的定位。

針對這些課題，康德認為有些肯定論（These）和否定論（Antithese）皆無法成立（第一、第二二律背反），也有的皆可成立（第三、第四二律背反）。

這些問題必然會陷入難以解決的迷宮。

死刑存廢問題或許也和這些問題一樣。

人命與人權尊重的二律背反

死刑究竟應該為了尊重人命而反對（廢止論），還是為了尊重人命而必要（存置論）？

從斷絕被告人生命這一點看來，死刑違反了對人命的尊重，廢止論的肯定論得以成立。但是，被處以死刑者所犯下的罪行，假如踐踏了尊重人命的理念，那麼也可說為了貫徹遵守尊重人命的理念，需要有死刑存在。對於嚴重輕視人命的罪犯，只有處以死刑，才能貫徹尊重人命的理念，在法學世界裡上述想法已經根深柢固。因此，存置論的否定論也得以成立。

前者（廢止論）可解釋為，將尊重人命的意義視為事實概念，故主張保全生命；後者（存置論）則將其視為尊重人命的抽象理念。這並非何者正確的問題。

死刑究竟違反了尊重人權（廢止論），還是為了尊重人權而需要的刑罰（存置論）？

根據廢止論的觀點，人的生命權是連國家也不可侵害的權利。死刑侵害了這種人權，因此不可接受。另一方面，存置論則認為，需要由死刑來保障人類的生命權，如果只尊重非法剝奪他人生命權者的生命權，稱不上真正尊重生命權，存置論甚至主張，如果不用「剝奪他人生命權者必須交出自己的生命權」這種形式來保障生命權，就算不上真正的保障。

前者（廢止論）認為，儘管個人侵害（他人的）生命權，國家依然不得侵害個人生命權，這是著眼於國家倫理（國家自我抑制的倫理）的討論。後者（存置論）則認為，構成國家成員的個人生命權，必須受到國家平等保障，這是著眼於人民期待之國家機能（國家主動的保障機能）的討論。

立論角度的不同，所觀察到與人權之間的關係也不同（前者認為生命權是國家賦予的自由，為消極權利；後者認為生命權是該由國家來實現的積極權利），不過，這兩者都稱不上人權侵害，也說不上人權保障。

僅就上述觀點看來，不管是廢止論的肯定論或是存置論的否定論，都各自得以成立。

死刑制度存置理由

內閣府「關於基本法律制度之輿論調查」調查時間 2009 年 12 月

（針對回答「視情況不得不判處死刑」者提問，可複選）

	符合人數	廢止死刑將無法安撫被害人與其家屬的心情	犯下兇惡罪行應以生命來償還	廢止死刑會導致兇惡犯行增加	縱容兇惡罪犯活著，可能再次犯下同樣罪行	其他	不知道
	人	%	%	%	%	%	%
總數	1,665	54.1	53.2	51.5	41.7	0.4	1.1
【都市規模】							
大都市	381	55.4	52.8	55.2	43.6	1.0	1.0
東京都區部	79	50.6	58.2	48.1	45.6	2.5	1.3
政令指定都市	302	56.6	51.3	43.3	43.0	0.7	1.0
中都市	697	51.5	51.5	48.5	41.3	0.3	1.3
小都市	399	58.9	56.4	56.4	44.4	–	0.8
鄉鎮村	188	51.1	53.7	50.5	33.5	–	1.1
【性別】							
男性	757	53.5	55.4	52.4	39.4	0.4	0.9
女性	908	54.6	51.4	50.7	43.6	0.3	1.2
【年齡】							
20～29歲	131	50.4	46.6	50.4	48.1	0.8	–
30～39歲	242	55.4	43.0	53.3	43.8	–	0.4
40～49歲	295	54.6	55.3	50.2	37.6	–	0.3
50～59歲	289	56.7	54.3	54.0	36.0	0.7	1.0
60～69歲	381	53.5	54.3	53.8	42.8	0.5	1.6
70歲以上	327	52.6	59.3	46.8	45.0	0.3	2.1
【工作上之地位】							
受雇者	773	54.3	51.2	50.5	41.3	0.1	0.6
自營業主	164	53.7	56.7	58.5	35.4	0.6	0.6
家族事業員工	39	41.0	41.0	43.6	38.5	–	2.6
無職	689	54.7	55.3	51.4	43.8	0.6	1.6
主婦	407	56.0	53.1	51.4	44.2	0.5	1.2
其他無職	282	52.8	58.5	51.4	43.3	0.7	2.1

內閣府「關於基本法律制度之輿論調查」

與戒律「不可殺人」的關係

死刑是否違反「不可殺人」[7]（廢止論），或者沒有違反這條戒律（存置論）？

廢止論認為死刑是國家機構的殺人，與「不可殺人」這最根本的人性肯定論有所矛盾。

另一方面，從宗教角度來看，也有諸如下述的存置論。希波的奧古斯丁（Aurelius Augustinus）[8]曾說：「有時，賦予死亡並不是一種罪。例如士兵在戰場殺敵，或者法官向罪犯宣告死刑，即屬此類。」（《上帝之城》[*De Civitate Dei*]）以宗教改革聞名的馬丁路德，關於死刑也有過這段論述：「揮劍殺戮的這隻手，已經不是人類的手，而是神之手。進行絞首、車裂、斬首、殺戮，以及戰爭的，是神，而非人。」

前者（違反戒律＝廢止論）認為「不可殺人」是一條絕對的令式（Imperativ）；後者（戒律之例外＝存置論）則認為是相對的令式。

對後者來說，「不可殺人」的戒律意義較淡；前者認為即使正當防衛也違反戒律，可能導致令式產生矛盾。很難區分兩者的優劣。

剝奪生命可以「償還」嗎？

剝奪生命的死刑無法作為償還嗎（廢止論）？或者唯有一死才能償還（存置論）？

廢止論認為，只有活著才能「償還」，死刑無法償贖任何罪行。再說，死刑等於剝奪加害者贖罪的機會，以法律制度來說是不被允許的**（卡繆〔Albert Camus〕[9]等人）**。

存置論認為，極度重罪只有死亡才叫贖罪，除此之外沒有方法可以贖

---

7 出自摩西《十誡》的第六誡。

8 希波的奧古斯丁（Aurelius Augustinus，三五四～四三〇）：早期西方基督教的神學家、哲學家，曾任希波（Hippo Regius，今阿爾及利亞安納巴）的天主教會主教。

9 卡繆（Albert Camus，一九一三～一九六〇）：法國小說家、劇作家、哲學家。

罪。當死囚面對自己所犯下的罪，開始有悔改、接受死亡的心境，才是極致的贖罪。因此，存置論也主張死刑並沒有剝奪任何贖罪的機會。

廢止論的觀點針對「償還」的事實層面；而存置論的觀點則針對「償還」的觀念層面。

在這裡，原本的提問是能不能允許罪犯活著贖罪，前者卻以如果不活著就無法贖罪作為前提，彷彿只是在自我主張內兜圈子；後者則明顯強調精神面、倫理面，背離現實，難以拂拭其偽善色彩。

也就是說，不管是廢止論的肯定論或是存置論的否定論，皆可成立，也都有瑕疵。無論如何，很難分出兩者優劣。

「目的＝手段」的假象對立

死刑存置論和廢止論都尚缺臨門一腳，不過我在這裡無意挖苦，目的並非指出兩者都不是大不了的論辯。

非但如此，我反而認為其實死刑存置論和死刑廢止論兩者都沒有錯，有可能同時存在兩種真實。

這兩種論點並非在同一平面上的二選一，死刑存置論或許可以對應到死刑制度之目的（的有意義）上，而廢止論則可對應到手段（的不恰當）上。

假使如此，那麼就與康德的第三、第四二律背反屬於相同現象，相當於現代邏輯學中所謂的「下反對對當關係」（subcontrary opposition）。在「下反對對當」中，一方眼中所認為的他方錯誤僅是假象，此時，兩種立論的雙方皆為「真」。也可以說，不管再怎麼論辯，都無法決定最後孰優孰劣。

在這種情況下，指出其他說法的錯誤只是無謂的努力，就算要證明自己的說法無誤，最後也是徒勞。

死刑存置論和廢止論的這場沒有結果的論戰，可能起因於此，所以在死刑存廢論戰中，存置論與廢止論各自的根據，充其量只是顯示細微優劣之分的相對性根據罷了。

因此，本書中並不打算繼續重述死刑存廢論。在這裡並不去討論何者有理，而是有意識地對過往的討論置入「偏見」（這裡的「偏見」是指方法論上的「觀點傾斜」），賦予死刑絕對性，或者堅定不動的根據。

藉此，希望可順利擺脫死刑存廢論戰的二律背反。不過，採取這樣的手法其實還有另一個理由。

為了開啟新的死刑論

另一個目的，就是生命刑的不可逆性與根據確實性之間的關係。無法舉出終極根據，卻還是維持現狀讓生命刑存在，產生所謂「死刑存廢的舉證責任」問題。死刑制度的根本原理還不清楚，卻執意執行死刑、斷絕人命，豈非一種蠻勇？這確實是很合理的批判，也的確點明了本質。站在這個觀點，如果只是顯示若干優劣之分的相對性根據，根本遠不足夠。

第三章將舉出各種領域（法學、哲學、宗教等）關於死刑根據的不同說法。其中也有些偽根據或瑣碎邏輯，我們必須慎思明辨，從死刑制度中找出真正確實的根據。

過去的死刑存廢論戰皆如前述，偏向單看制度的某一面來進行討論。

而本書的方向首先希望探討既有論辯中，能否找出可貫穿整體死刑制度的根據；接著，再探討還未釐清的終極根據是否確實存在。經過以上的一路探討，或許最後還是會導出「死刑在正義論上並無確切根據」的結論。

不過，康德在上述二律背反的討論後並沒有陷入懷疑論，反而發現了開創新哲學的契機。

懷疑論是當時哲學上的一大問題，儘管占了優勢，康德卻主張無法認定懷疑論絕對正確。康德認為，懷疑論確實尖銳質疑了過去理應立足於根本原理的形而上學是否有明確根據。從這一點來看，懷疑論無疑是正確，甚至立於優勢（因此過去的形而上學被稱為「獨斷論」），但也不能因此就認定懷疑論絕對正確，因為懷疑論本身並沒有明確根據。

康德強調這樣的脈絡，並沒有陷入懷疑的無限後退，而是再次開拓建設性哲學的嶄新地平線。

本書最終的目的，也在於超越以往的死刑存置論、廢止論，開啟一個嶄新的討論地平線。

第二章

死刑論的時代侷限

死刑論の時代的限界

「以眼還眼」——同態報復為限制原理

近代啟蒙期的死刑思想

「竊盜處以絞首刑」的時代背景

死刑肯定論者貝加利亞

監獄不完備導致的本末倒置

「以眼還眼」——同態報復為限制原理

思考現代死刑論時，必須先了解歷史上曾推演過的死刑存廢論戰之有效性。因為許多存廢論有其時代的侷限，現在都已經失去效用。

比方說，「同態報復」的歷史性意義。

人類史上最古老的法律是《漢摩拉比法典》（西元前十八世紀），其中採取同態報復的原理，也就是「以眼還眼、以牙還牙、以命償命」的概念。一般認為，這種原理是根據復仇情感而肯定死刑的典型思考；其實從歷史上來看，這反映的是對復仇的限制原理。

在法典出現之前，親人遭殺害的被害人有權殺人復仇。不，嚴格來說是否稱得上是一種「權利」還有許多爭議，不過至少整個共同體都尊重這樣的復仇觀念，也承認殺人復仇的行為。

這是一種基於單純人類情感的行為，因此遭到復仇的一方又會為了報仇再次殺人復仇，往往形成冤冤相報無盡頭的無限血腥連鎖（例如歷經數代兩家之間依然不斷敵對復仇的「世仇」等）。

此外，當復仇殺人波及原本復仇對象以外的人（比方對方的親戚），可能出現氣勢過強的傾向（例如《舊約聖經》與《創世記》第四章第二十四節：「若殺該隱，遭報七倍；殺拉麥，必遭報七十七倍。」）。

同態報復的精神在於限制這種情況。首先，法典規定報復僅限最初一次，「報復的報復」不再名正言順。同時，同態報復也禁止過剩的報復，報復程度僅限於「同態」，超過「同態」的報復不再視為正當。藉由這種概念，全面否定私人復仇的權利。

法典中否定被害人私人復仇的權利，而由共同體替代個人對犯罪者科以刑罰，進行官方的報復。因此，同態報復的法律儘管給人復仇的印象，但其出發點並非立足於復仇思想本身。

從過去「私人復仇」轉變為「共同體報復」的典範轉移，是一種乍看之下微妙但卻重大的變化。其中，當然承認死刑為官方的報復手段，但是並非源於死刑即公理、絕對必要的思想，而是為了讓所有人類擺脫「復仇世界」，認為有必要由共同體導入，以替代刑罰（死刑）。這可說是歷史上首次讓與殺人有關的復仇情感在社會內昇華的嘗試。

同態報復法（talion）是為了制止復仇殺人，訂定了看來相似，但在重大之處明顯縮小的均等刑罰原則。這才是真正的目的，也才是該法最重要的價值所在。

所以，據此法理來看復仇思想並未得其精髓。另外，把均等刑罰原則視為死守自我（復仇）目的的思想，其實也缺乏充分的根據（因其本質其實是限制法理）。

近代啟蒙期的死刑思想

死刑廢止論在西歐成為重大潮流，據說源於米蘭法學家貝加利亞（Cesare Bonesana Beccaria）[10]的死刑廢止思想。他所著的小冊子《犯罪與刑罰》（*On Crimes and Punishments*）象徵了關於死刑的近代啟蒙思想之破曉。

從歷史脈絡來看，這個時代關於死刑存廢的思想，依照盧梭（Jean-Jacques Rousseau）[11]、貝加利亞、康德這個順序依次出現。

貝加利亞的《犯罪與刑罰》（一七六四年刊）原本是針對盧梭在《社會

契約論》(*Social Contract*；一七六三年刊)中的死刑肯定論，提出辯駁而寫。而康德馬上又針對貝加利亞的死刑廢止論，提出「殺人者必須以死償命」的反駁（《道德形而上學》〔*Die Metaphysik der Sitte*〕）。

但是，假如光以這樣的公式（「盧梭、康德」對抗「貝加利亞」這種死刑存廢論的公式）來討論現代死刑，可說完全偏移重心。

盧梭和康德都主張「對殺人罪只能處以死刑」，但是這種死刑肯定論從來沒出現在今天先進國家關於死刑的討論中。作為一種死刑存置論，盧梭、康德派的「全面死刑肯定論」在現代已經無法成立。在仍有死刑制度的日本和美國，殺人案件中判處死刑的也只是極小部分。日本殺人既遂事件（被害人一人）中，判處死刑的僅有〇・二%左右。

因此，上述這些全面死刑肯定論幾乎等於不存在，前面提到的啟蒙思想公式也並不妥當。現在認為這種想法妥當的，頂多只有伊斯蘭國家、中國、北朝鮮吧。

10 貝加利亞（Cesare Bonesana Beccaria；一七三八～一七九四）：義大利法學家、經濟學家、啟蒙思想家。

11 盧梭（Jean-Jacques Rousseau；一七一二～一七七八）：法國哲學家、政治哲學家、作曲家。

「竊盜處以絞首刑」的時代背景

不僅如此，盧梭、康德、貝加利亞活躍的十八世紀關於死刑的社會情勢，與現代也有根本的差異。十八世紀死刑執行範圍極為廣泛，不僅是殺人，偽造、縱火、強姦、強盜、竊盜（累犯）、墮胎、宗教犯罪，都會執行死刑。簡單地說，這還是個「竊盜處以絞首刑」的時代。

讓我們更仔細來看看同時代的死刑史：一七七七年，英國作家威廉・德鐸（音譯）因偽造私文書罪被處以絞首刑；一七九四年，因發現「質量守恆定律」和構思「元素表」而被譽為近代化學之父的拉瓦節（Antoine-Laurent de Lavoisier）[12]，以混入有害物質之罪被判處斷頭刑。

從時代背景來說，盧梭、康德的死刑論甚至包含限制對殺人以外之罪行判處死刑的意義。

這一點看看孟德斯鳩（Charles-Louis de Montesquieu）[13]的死刑肯定論就能明瞭。

孟德斯鳩在其一七四八年出版的《論法的精神》（*De l'esprit des lois*）中，

認為對殺人處以死刑（而且是當時為了殺雞儆猴所施行的殘虐死刑）是「事物的本性」，是「善惡的源泉」，抱持絕對肯定的態度。

然而，對於竊盜絞首刑，孟德斯鳩認為：「侵害他人財產安全時，或許有理由科處死刑，不過對財產犯下罪行之刑罰，應以損失其財產來處罰，較為適切也更加符合自然。」雖然論調溫和，依然站在反對立場。他甚至批評，與財產相關的罪行處以死刑，只是因為罪犯未持有償還之財產。另外也指出，單純偷盜與為了偷盜殺害被害人相比，兩者處以同樣刑罰（依照當時法制兩者皆為死刑）也很不合理。

也因此，孟德斯鳩認為自己的死刑肯定論「對市民自由極為有利」。事實上也不能否定這一點。

由於針對判處死刑的罪行範圍有決定性差異，論辯本身的意義也有決定性不同。

---

12 拉瓦節（Antoine-Laurent de Lavoisier；一七四三～一七九四）：法國貴族、著名化學家。

13 孟德斯鳩（Charles-Louis de Montesquieu；一六八九～一七五五）：法國哲學家。

死刑肯定論者貝加利亞

另外，一般被視為死刑廢止論嚆矢的貝加利亞，其實他的立論本身也不能是死刑廢止論。

貝加利亞在上述《犯罪與刑罰》中，明確肯定（部分）死刑。他認為內亂罪等政治犯需要處以死刑，關於一般犯罪（殺人罪等）也認為破例判處死刑必要且正當。

也就是說，「市民之死可能有用的情形有：首先，當罪人與威脅國家安全之各項權力有關，且罪人之存在對於現已確立之政體可能誘發危險革命時」；接著對於一般犯罪，他也表示，「假如罪犯的死亡對於阻止他者產生犯罪的念頭而言為最佳且唯一的方法，則死刑為正確且必要」。

貝加利亞《犯罪與刑罰》的死刑論，正確來說並非死刑廢止論，而是一種「例外的肯定論」。日本現在關於死刑的狀況如同上述，儘管殺死一個人，判處死刑的可能性也只有〇．二％左右。所以，貝加利亞的死刑廢止論其實相當於目前日本的死刑存置論。

在現今時代中探討死刑時，將貝加利亞視為死刑廢止論代表的啟蒙思想公式，不僅無效，甚至有害。

現在死刑論戰的焦點，可以說是下面這種公式——「貝加利亞的例外死刑肯定論」vs.「死刑完全廢止論」。

容我再重複一次，不符合這些公式的只有伊斯蘭國家、中國、北韓。

不過，過去有許多死刑相關論辯往往忽視時代背景，只是擺出這些歷史上的死刑存置論、廢止論作為各自的理論根據。這只會成為黑格爾（Georg Wilhelm Friedrich Hegel）[14]所說的「愚蠢的迴廊」（Galerie der Narrheiten）。

14 黑格爾（Georg Wilhelm Friedrich Hegel，一七七〇～一八三一）：德國哲學家。

監獄不完備導致的本末倒置

柏拉圖認為犯罪是「靈魂的疾病」，刑罰是為了拯救罪犯生病的靈魂而存在。根據他的想法，「沒有人會自發性地做出不法行為」，他的言論中對罪犯投以試圖理解的目光。

他認為國家應該致力於治療罪犯生病的靈魂；但另一方面，假如國家努力運用刑罰治療，依然無法使其靈魂恢復（無法治癒者），該怎麼辦？他認為唯有死刑一途。

柏拉圖說道：

「如果有人確實為立法者認定無法治癒的狀態，那麼對這些人該科處什麼樣的處置或刑罰呢？對所有這樣的人來說，繼續活下去對本人應該也不是好事。立法者對於無法治癒的人，除了選擇相應於其罪行的死刑作為懲罰之外，別無選擇。因為其他任何手段都是無效的。」（《法律》〔*Laws*〕）

像這種從某些意義來看本末倒置的死刑論，之後在刑罰史中數度轉換型態出現過。

可是，這些柏拉圖派的死刑論，在現代可以說都已經無效。

這種論辯是以監獄功能不完備作為默認的前提。在這當中混入監獄的不完備這個外來因素。這樣的想法只是受到實際考量的影響，並未具備形而上學的實體。

假如有人無法治癒其「靈魂的疾病」，那也只是因為無法治癒靈魂，純粹是因為刑罰在治療患病靈魂上並非有效手法而已。「無法治癒↓（跳躍）乾脆抹殺」這種邏輯不應該存在。「因為無效，所以只有抹殺一途」在邏輯上也不成立。其實只要將這些人關進監獄就能解決問題。

也就是說，在近代以前的時代，監獄的拘禁功能尚不完備，逃獄並不困難，才會導致這樣的倒錯概念。在現代已然完備的監獄制度下，這樣的立論難以成立。這些死刑論與前面看過的全面性死刑論（殺人罪唯有死刑）一樣，是一種現今已不存在的討論。

要探討死刑的終極根據，必須本於上述歷史觀點，盡量排除偽根據和謬誤論理。

第三章

死刑的所有根據

死刑の全根拠

哲學家如何思考死刑？
應報刑——罪行的大小與刑罰的輕重
教育刑——危險性與改善更生
一般預防——威嚇與儆戒
特別預防——防止再犯與社會防衛
重罪再犯與終身刑
身體刑與自由刑
關於死刑之前近代性的對立
法律與權利的「關鍵」——德西達的死刑論
人類社會與死亡的不安——黑格爾、馬克思、
海德格、巴代伊、傅柯
作為社會制度的死刑

哲學家如何思考死刑？

死刑的根據不能僅從法律論來討論。哲學家是怎麼看待死刑的根據呢？希臘哲學中的死刑肯定論，有前面提到的柏拉圖「靈魂」死刑論。就肯定死刑這一點來說，蘇格拉底也持相同看法（柏拉圖《高爾吉亞篇》[*Gorgias*]）。

羅馬時代的共和時期，西塞羅（Marcus Tullius Cicero）[15]肯定有殺雞儆猴之效的死刑（《反對維勒斯的演講》[*In Verrem*]）。實際上，西塞羅擔任執政官時，曾經在喀提林（Catiline）謀反案中，將首謀者判處死刑，獲得「祖國之父」的稱號。在這其中可以發現，死刑是一種受肯定的國家統治手段。這種統治手段的目的在於讓市民恐懼，因此除了死刑，身體刑也受到肯定（＝身體毀損刑＝截斷刑、眼球刨出刑、烙印刑等）。

帝政初期，斯多葛學派代表性的哲學家塞內卡（Lucius Annaeus Seneca）[16]肯定死刑。塞內卡認為：「處罰人不只因為其過去行惡事，也為了讓他將來再也無法行惡事。」針對重複犯罪的人，他這麼呼籲：

「現在你正處於犯錯的最早階段，失敗沒什麼大不了。為了讓你走回正軌而責備你、非難你，目的都是為了導正你的行為。」

「或者你的惡行已經進展得相當嚴重，光靠言語無法治癒。若是如此，將會對你宣告刑罰。」

「你可能需要更加強力的刑罰吧。這麼一來，你可能會被判處流放之刑，被送到陌生土地去。」

「假如你的人生不斷在犯罪，那麼應該努力將那帶給你和他人痛苦的瘋狂，從你身上除掉。若要說還存在著唯一一種善的可能，亦即死亡，那我們將會選擇將之加諸於你。」（**《論憤怒》**[*De Ira*]）

在這裡，塞內卡肯定死刑為「善的」。死刑對受刑人來說，當然不會是「善的」；塞內卡指的是對社會來說是「善的」（剩下唯一善的可能）。在此，可說是首次明確出現社會防衛的觀點。但是，為什麼死刑是「剩下唯一善的可能」（唯有死刑才能防衛社會），他並沒有多做說明。

15 西塞羅（Marcus Tullius Cicero；西元前一〇六～西元前四三）：羅馬共和末期的政治家、哲學者。

16 塞內卡（Lucius Annaeus Seneca；西元前約一～六五）：羅馬帝國政治家、哲學家、詩人。

從中世到近世，基督教傳遍整個歐洲，在基督教會莫大的影響下，思想、哲學也呈現出神學式哲學的樣貌。而在神學式哲學之下，非但沒有否定死刑，甚至站在肯定的一方。

奧古斯丁認為「讓惡人懸崖勒馬，讓善人安心歇息」，肯定死刑（《書簡》）；聖多瑪斯．阿奎那（St. Thomas Aquinas）[17]主張「對整個共同體帶來危險、成為威脅時，殺掉行惡事者，在對整個共同體有必要的限度內是可容許的」（《神學大全》[*Summa theologiae*]）。從這裡可以看出區分教會法和世俗法——在世俗社會中承認死刑的觀點，與為了保持基督教會權威、排除異端而肯定死刑的觀點，於此彼此交錯。

進入近代後，霍布斯（Thomas Hobbes）[18]、洛克（John Locke）[19]、孟德斯鳩等人，陸續肯定死刑。

這些人所持的論點，諸如「全能的利維坦」（湯瑪斯．霍布斯《利維坦》[*Leviathan*]）、「如同我們可以殺掉野獸，一樣可以殺掉犯罪者」（約翰．洛克《政府論》[*Two Treatises of Government*]）、「對剝奪其他市民安全的市民，社會拒絕其安全」（孟德斯鳩《論法的精神》），都是極明確的死刑肯定論，但是除此之外並沒有提出更多根據。

最早具體提出死刑根據的，（可能）是盧梭的《社會契約論》。盧梭站在社會契約的立場如此主張：「為了不成為殺人犯手下的犧牲者，我們應承諾當自己成為殺人犯時被科處死刑。唯有此契約成立，我們才能只考慮關於保障生命的事物。」

如前所述，貝加利亞反對盧梭這種說法，提出死刑否定論，後來康德又反駁貝加利亞。儘管有這樣的歷史脈絡，貝加利亞和康德都立論於社會契約論上，因此這些都可謂是在社會契約這個思想框架中的死刑討論。

那麼，將其視為一種社會契約時，又是怎樣的觀點呢？

貝加利亞同樣從社會契約的立場出發，提出「你能想像有人從他人手中獲得可以殺你的權利嗎？」反過來質疑死刑（《犯罪與刑罰》）。不過，同樣站在社會契約論，康德卻完全否定貝加利亞的立論，認為「一切皆為詭辯、曲解法律」（《道德形而上學》）。

康德之所以表現出這麼強烈的抗拒，是因為貝加利亞的立論中摻入了

17 聖多瑪斯．阿奎那（St. Thomas Aquinas；約一二二五～一二七四）：歐洲中世紀經院派哲學家、神學家。
18 霍布斯（Thomas Hobbes；一五八八～一六七九）：英國哲學家。
19 洛克（John Locke；一六三二～一七〇四）：英國哲學家。

不屬正義論的雜質。

貝加利亞的立論設定為，簽訂社會契約的市民本身預想自己可能會被判處死刑，由於死刑為自己犯罪的結果，這樣的契約預設了不法存在為前提。對康德來說，以這種不法為前提來簽訂的社會契約，絕不容允許；以理性又自律的個人為契約主體的社會契約思想，也不可能出現這種包含不法的思想。

不過現在普遍認為，實際上作為社會契約論無法成立的並非貝加利亞的立論，而是康德的見解（至少在法學世界中是如此）。

康德乍看之下正確的論點包含謬誤，是因為他沒有考慮到誤判＝冤罪的可能性。考慮到因冤罪被判死刑的情況，就不能說貝加利亞的立論僅為不法前提，甚至可以說：「你能想像因為冤罪，有人從他人手中獲得可以殺你的權利嗎？」

社會契約的思想原是為了擺脫近代封建權力觀，說明國家權力源自市民的合意所產生的論說。若說這種社會契約論完全沒有考慮到冤罪的可能性，我想不得不認為其作為權力的基礎架構太過樂觀。

前面提過，康德主張對於所有殺人罪都求處死刑，這一點在現在已經失去有效性，不過就算根據當時的社會契約思想，是否為正確答案都有待商榷。換句話說，盧梭、康德等立基於社會契約所主張的死刑肯定論，都沒有提出充分的根據。

無論如何，包含這些社會契約論的趨勢在內，近代哲學和社會思想的框架可以說都整合於黑格爾之手。

那麼黑格爾又抱持著什麼樣的觀點？有人認為他是死刑肯定論者，不過在他正式的著作（《法哲學原理》[*Grundlinien der Philosophie des Rechts*]等）當中，並沒有找到相關論述，只在霍托（Heinrich Gustav Hotho）[20]手稿中能找到。其中只有「殺人者自己定下生命並不需要尊重的法則，據此對己宣告死刑」這樣的說明。

在那之後，（似乎）並沒有明言肯定死刑的思想家、哲學家。就結果來說，即使想在思想、哲學世界中尋求肯定死刑的根據，我們終究無法從中找到滿意的終極根據。

20 霍托（Heinrich Gustav Hotho；一八〇二～一八七三）：德國美術史家、美學家。

應報刑——罪行的大小與刑罰的輕重

法學世界裡，基本的刑罰觀就是應報刑論。

這種觀念的基礎是「應報」的概念，認為刑罰是罪行的報應。因為犯下罪行，所以賦予其惡害作為報應，這就是刑罰。

這種想法源自同態報復法，但應報刑論又可以分成兩個系統。

一種如同《舊約聖經》裡也有的「以眼還眼、以牙還牙、以手還手、以腳還腳」，甚至「以傷還傷」「以命償命」等絕對式應報刑概念，這是一種延續至康德死刑論的嚴格均衡之法。

另一種是源自亞里斯多德「分配型正義」概念的相對式應報刑論。這種概念認為，罪行大小與刑罰輕重應該成比例，並不要求絕對均衡，只要能以正確的對應關係表現罪行大小與刑罰輕重即可。

羅馬時代帝政初期的法學家烏爾比安（Gnaeus Domitius Ulpianus）[21]曾說過：「讓各人的歸各人。」**（東羅馬帝國皇帝查士丁尼一世〔Justinianus I〕[22]命人編纂的《查士丁尼法典》〔*Corpus Juris Civilis*〕開頭部分）**這句話便是最好的象徵。簡而言之，這裡所要求的只有「較重的罪行應處以較重的刑罰」這種公式，認為如此便可符合正義的要求。為什麼這樣可以符合正義？因為這可視為「分配」（換成現代的說法就是函數概念）的根本公正概念。

也就是說，認為罪與罰這二元關係應以比例原則來表現的是相對式應報刑論。相對式應報刑論明顯延長了同態報復法中所包含的限制原理之意涵，並且大幅制約無限制的復仇思想。

上述兩種應報刑論中，前者（絕對式應報刑）在近現代的刑法中已經無法成立。同態報復的想法是「以眼還眼、以牙還牙、以手還手、以腳還腳」，還有「以傷還傷」。但是針對傷害罪，不管是眼、是牙、是手、是腳，現代國家都習慣判處自由刑（剝奪自由的刑罰＝徒刑或禁錮等）來處罰。

不管在哪個（先進）國家，對於傷害罪都不會採取「使人負傷者，自己也應負傷」的做法。現代仍採取這種做法的只有（少數）伊斯蘭國家。使人負傷（傷害罪）和限制自由（自由刑）完全不同。以事件來說，性質完全不同，此時企圖在「罪與罰」的關係中尋找同質性，在各種層面來說

---

21 烏爾比安（Gnaeus Domitius Ulpianus；約一七〇～二二八）：羅馬帝國法學家、政治家。

22 查士丁尼一世（Justinianus I；四八三～五六五）。

	有期禁錮		罰金	拘役	罰鍰	無罪	其他
	緩刑	緩刑率					
	6,331	72.2	1,567,357	143	3,174	521	7,328
	4,996	89.6	2,079,375	57	25,381	219	3,034
	4,118	93.8	1,193,231	60	9,716	131	1,063
	2,464	94.3	1,016,822	81	3,514	59	493
	2,708	93.8	906,947	81	3,141	46	563
	2,805	93.4	884,088	71	3,713	44	564
	3,277	93.4	837,144	77	2,752	73	532
	3,763	93.7	784,515	38	2,774	80	627
	4,001	94.9	743,553	51	3,014	94	657
	3,655	93.6	689,972	26	2,829	66	509
	3,459	93.6	650,141	21	2,868	82	474
	3,336	94.1	533,949	13	2,842	117	410
	3,179	94.4	453,065	7	2,507	84	366
	3,169	94.3	427,600	16	3,086	75	458

審判確定人數的變遷（依審判內容分類）

1969 年、1979 年、1989 年、1999 年～ 2009 年

年次	總數	有罪					
		死刑	無期徒刑	有期徒刑			
					緩刑	緩刑率	
1969 年	1,645,014	11	47	57,662	32,381	56.2	8,771
1979 年	2,185,545	4	32	71,865	42,058	58.5	5,578
1989 年	1,265,997	5	49	57,351	31,962	55.7	4,391
1999 年	1,090,701	4	48	67,067	42,039	62.7	2,613
2000 年	986,914	6	59	73,184	45,117	61.6	2,887
2001 年	967,138	5	68	75,582	46,523	61.6	3,003
2002 年	924,374	3	82	80,201	49,250	61.4	3,510
2003 年	877,070	2	117	84,900	52,772	62.2	4,017
2004 年	837,528	14	115	85,815	52,856	61.6	4,215
2005 年	782,471	11	134	85,020	51,446	60.5	3,904
2006 年	738,240	21	135	80,802	47,085	58.3	3,696
2007 年	615,387	23	91	74,395	43,271	58.2	3,547
2008 年	530,293	10	57	70,830	41,213	58.2	3,367
2009 年	503,245	17	88	68,543	39,776	58.0	3,362

《犯罪白皮書 2010》
摘自檢查統計年報
「其他」包含免訴、撤回公訴、管轄錯誤及免刑

都是不可能的。

上述的現象不僅發生在傷害罪，偽造、縱火、強姦、強盜、竊盜、侵占、詐欺、恐嚇、毀損器物、強制猥褻、賭博、妨礙公務、侵入住居、業務上過失致死傷等各種罪行，都被判處自由刑。

也就是說，在近現代刑法中，罪與罰的關係只能以比例原則來說明，也唯有憑藉比例原則才能說明為什麼使人負傷時科處自由刑是一種正義。偽造貨幣、縱火、強姦婦女……也都是相同情形。

像康德一樣主張「殺人者死」，認為只有殺人必須確保罪與罰的同質性，缺少一貫性。依此原理，殺人似乎也應依比例原則，根據事件內容來決定刑期，或者判處無期徒刑或終身刑，看不到必須判處死刑的必然性。

隔岸遠望上述觀點，頂多只能說「沒有完全排除死刑」。儘管站在彼岸秉持相對式應報刑論比例原則，也只代表「必須判處死刑的惡行重大之殺人有可能存在」。

教育刑——危險性與改善更生

如同上述，在刑法思想中的主流，是將刑罰視為「犯下罪行之報應」的應報刑論。但是相對於此，也有將重點放在犯罪者更生上的教育刑概念。教育刑論認為，刑罰的功能在於改善對社會帶來危險的人，使之變成對社會帶來助益的人。這種論點不認為刑罰的本質是犯下罪行的報應，而認為應該矯正並改善具有社會危險性、犯下罪行的人，令其更生。

教育刑論看待犯罪本身時，也不著眼於其行為，而將重點放在行為人的危險性上。因此認為「罪行大小與刑罰輕重」的關係性淡薄，刑罰為處理行為人危險性所需的手段、方法。其目的在於利用矯正來除去、改善危險性，以及更生，因此刑罰本身就是一種教育。

這種想法可以追溯到之前提過柏拉圖「治療患病靈魂」的刑罰觀。

教育刑論認為對受刑人的更生功能才是刑罰的本質，基於這種想法，原本不可能讓死刑正當化。更生和死刑相互矛盾，判處死刑也不可能是一種「教育」（儘管實際上主張教育刑的論者並非沒有人肯定死刑，但那也是如同前面柏拉圖死刑論中所見的「本末倒置」）。

也就是說，教育刑在談論死刑的法理根據上是一種偽根據、謬誤邏輯。

一般預防——威嚇與儆戒

也有一派論點認為，應從有效性而非原理來定義死刑的基礎。

其中強調對社會一般大眾的政策效果者，正是所謂一般預防說。一般預防是指將所有民眾視為犯罪預備軍，遏止民眾嘗試犯罪的預防性效果。這種論點事先假設，大多數國民之所以沒有做出重大犯罪行為，是由於死刑具有遏止效果。

這種意義下的法律政策根據存在下列問題。

首先，一般預防簡單地說，就是以藉由死刑制度來進行事前的「威嚇」，與藉由處刑來進行事後的「儆戒」（殺雞儆猴），這兩者所形成。因此很可能會認同刑罰的殘虐化。從威嚇和儆戒的觀點來看，死刑愈殘虐愈有效，固然是件好事。同時，也可能會鼓勵公開處刑。功利主義代表傑瑞米．邊沁（Jeremy Bentham）[23]曾經這麼說過：「讓刑罰成為一種儆戒，給予其儀式陰鬱的莊嚴。將死刑臺塗得漆黑，死刑執行人除了煽動恐懼，同時戴上面具，在犯罪者頭上放置象徵犯罪的物品。」（《刑罰論》）

其次，一般預防說具有不僅將死刑套用在殺人罪，甚至擴大到其他罪行的傾向。因為從威嚇的意義看來，盡量讓多一點罪行判處死刑當然比較有效。歐洲到十九世紀之前都對與財產相關罪行訂定死刑，正是出於這層背景。

第三，從儆戒觀點將人類生命（生命刑）作為控制他人的手段使用，免不了有法律道德上的問題。康德基於「不能將具備人格的人類作為手段來使用」這種道德哲學，堅決排除、抗拒將死刑運用為一般預防（康德「殺人者死」無關政策或「手段＝效果」等，只是一種道德）。

第四，假如死刑具有實際抑制犯罪的效果，其效果終究也不大。因為死刑的犯罪抑制效果正確來說不能單獨討論（從「判死刑還是縱放」來討

23 傑瑞米．邊沁（Jeremy Bentham；一七四八～一八三二）：英國哲學家、經濟學家、法學家。

死刑確定判決、執行、確定者的變動

1991～2009年

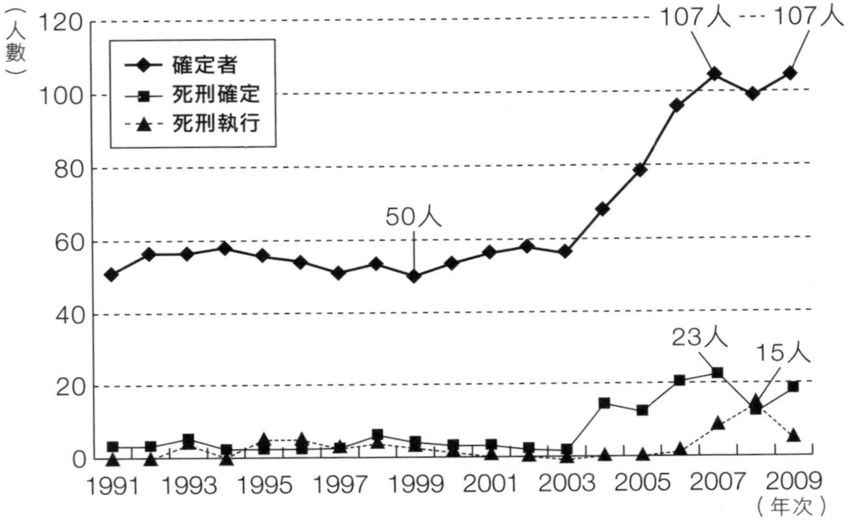

〈裁判員審判下是否可望縮減、廢止死刑？〉《法律時報 82 卷 7 號》P17

論效果上的差異，並未論及核心），必須與終身刑、無期徒刑相較之下才有意義。

美國每一州得以各自決定死刑制度的存廢，近年來有些州廢止死刑，儘管可以針對廢止前後的殺人件數變遷與鄰接州進行共時性比較，但關於此點的統計性研究，有些地方並不認為具備有意義效果，有些則認為多少具有些效果，因而導致不同結果。

因此，這頂多只能稱為二次根據。一般預防本身並非定位為生命刑的主要根據，而是有其他主要根據時作為補強，因此還稱不上終極根據。

特別預防——防止再犯與社會防衛

認為應從有效性而非原理來奠定死刑基礎的論點中，強調對處刑者之政策性效果的就是所謂特別預防說（「特別」是指相對於一般預防的「個別」意義）。

特別預防原指矯正、去除犯罪者的危險性和反社會性，加以良化。然而死刑的特別預防較為特殊，並非良化，而是無化。

特別預防的「預防」，包含犯罪事實發生後防止該犯罪者再犯的意義，因此不能缺少再犯預測；同時，也會由此出現將個人人格客體化，視為一種生物性危險的傾向。

整體而言，從社會如何因應個體的反社會性這個觀點來看，也可以稱為「社會防衛」。稱之為社會防衛時，又加入與應有之社會理念相關的廣泛觀點。

這種見解（特別預防說、社會防衛論）在思想史上，源自前述柏拉圖的「靈魂之疾病與其治療」。不過，在以下幾點的涵義上又不太一樣。

這兩者皆重視犯罪者的反社會性和危險性。然而，柏拉圖的刑罰思想（基本上）認為犯罪性有可能矯正，著眼於其光明面；相對之下，特別預防說則著眼於「無法矯正的犯罪性」這較陰暗的一面。後者可說是一種宿命論。十九世紀末，龍布羅梭（Cesare Lombroso）[24]的生來犯罪人說，明確點出這兩種論點的差異，他採用當時的遺傳學成果，承認具備遺傳性宿命的罪犯這個類別。這是根據頭蓋骨、頰骨、鼻子的形狀、下巴、耳朵大小、指甲長短、頭髮生長方式等身體特徵和腦容量，來區別生來犯罪人的「犯罪人體學」概念（《犯罪人論》[*L'uomo delinquente*]）。這是一種斷定誕生在這個世界上的人中，有一定比例的人（「生來犯罪人」）注定成為罪犯的生物學決定論。

不過，前面提到死刑的特別預防，嚴格來說以特別預防看來，也是一種特殊的「無化」效果，其實要以生來犯罪人來證明死刑的特別預防效果，還稱不上充分。就算是生來犯罪人，終身刑也已足以封鎖其危險性，只要將罪犯終身與社會隔離即可，究竟有沒有必要抹殺、無化罪犯，確實令人存疑。

仔細思考後，會發現在這種情況下，剝奪生命是一種過剩手段。假設出於政策效果，需要保護人民和社會不受「生來犯罪人」的危險性威脅，作為達到目的的手段，超過終身隔離已是一種過剩。一種手段倘若過剩，就會回到政策目的和手段間欠缺相當性的問題。即使僅就法律政策這個領域來說，也不得不說欠缺合理性。

因此，這個系統必須從生物學的決定論轉移到對生命抹殺積極的討論上。這是一種對生存價值本身抱持疑問的人為社會淘汰概念，是一種認為除去惡劣生命才能改善（或者防衛）社會的想法。龍布羅梭曾經這麼說：

「社會裡有許多壞人存在，藉由犯罪來顯現其本性。所以一旦這些人的子孫繁榮，將來會因為遺傳導致世間充滿罪犯，為了廓清社會、讓世界充滿正派好人，必須以人為淘汰來去除這些惡人。為了實行這個想法，不應

24 龍布羅梭（Cesare Lombroso；一八三五～一九〇九）：義大利精神科醫師、犯罪人體學創始者。

再犯者檢舉人員、再犯者率（依罪名分類）

2009 年、1999 年～ 2008 年累計

分類	2009 年		1999 年～ 2008 年累計	
	再犯者檢舉人員	再犯者率	再犯者檢舉人員（平均）	再犯者率
殺人	469	45.3	626.2	47.2
傷害致死	69	50.0	115.8	48.8
強盜	2,050	66.8	2,253.2	59.9
強姦	514	56.0	619.6	51.4
縱火	291	46.1	356.8	45.1
一般刑法犯	140,431	42.2	128,627.1	36.3

《犯罪白皮書 2010》
根據警察廳的統計
「再犯者」是指之前曾因刑法犯或除了違反道路交通法的特別法犯遭檢舉，且再次遭檢舉者
「再犯者率」是指檢舉人員中再犯者所占的比例

廢止死刑這種好的刑罰。我們之所以可以一同生活在現在這個幸福社會裡，都要歸功於上一個世紀裡實施死刑，絕滅有害的人種。這些惡質的民族將會繼續存在，假如社會對此視而不顧，社會將來必定會充滿猛獸毒蛇。」（《犯罪之原因與矯正》）

這是一種民族淨化、滅絕的思想，既然他如此斷然主張，似乎也不是不能拿來當作一種終極根據。可是，時至現代已經沒有人會採納這種見解，對於這種思想的前提，就是露骨的優生學式思考，也看不到任何贊同的見解。

重罪再犯與終身刑

關於死刑的根據，另有重罪再犯的問題，亦即一個殺人後被判處無期徒刑的人，一獲得假釋回歸社會，很可能再次犯下殺人罪的情形。

有一種論點認為，假如這種情況不能進一步科處死刑，是法律的矛盾，因此死刑在法律體系上是需要的。如果刑罰上限為無期徒刑，只能再次判處無期徒刑，那看來確實是法律體系的自我矛盾。

然而這其實是種假象。這種現象並非源自沒有死刑的矛盾，應該說是沒有終身刑帶來的不便。

終身刑與無期徒刑的差異在於不承認假釋（由此看來，終身刑比無期徒刑更重）。因此，重罪再犯時科處終身刑，也可視為加重刑罰，死刑並非絕對需要。不僅如此，判處無期徒刑後又予以假釋，並在假釋後再次犯下重罪，這樣的歷程顯示假釋決定的錯誤，也就是未判處終身刑的錯誤。因此在第二次犯罪時科處終身刑（而非死刑），法律上的處置就可完結。

在法律體系觀點看來，重罪再犯要求的並非死刑，而是終身刑。頂多只能說要求死刑或終身刑其中一者。

因此，這兩者都算不上死刑的終極根據。

以日本來說，法律（刑法）上並未明定終身刑，但的確存在事實上的終身刑。在裁判實務上有所謂「實質終身刑判決」的特殊判決方法，也就是加上不得假釋這個條件的無期徒刑判決。不得假釋的無期徒刑，等同於實質的終身刑。

身體刑與自由刑

無可避免的，死刑必然是種身體刑（的延長），因為不毀損身體無法執行死刑。

然而，身體刑本身已經從近代刑法中消失（伊斯蘭國家除外）。以法國革命為界，切斷刑等身體刑已被自由刑替代。假如這象徵近代理性的開明性或者基於人道主義的必然結果，也就是將身體刑視為近代精神所無法容忍的野蠻，那麼獨留死刑的根據究竟何在？這是死刑的前近代性。肯定死刑的立場，如何讓死刑擺脫這種前近代性，將是個重要的問題。

在死刑大國美國，「人道的死刑」是熱門的法律論辯，因此陸續提出電椅或毒氣室等處刑道具，現在普遍採行注射藥物作為最人道的方法，背後便有著這個脈絡。不過，處刑方法演變至注射藥物，這種變化反而增加了其冷酷性。假如注射藥物之死稱得上理性，那也只是基於霍克海默（Max Horkheimer）[25]和阿多諾（Theodor Ludwig Wiesengrund Adorno）[26]所主張的「工具理性」（instrumentale Vernunft）之名。與其說是人道死刑的邏輯，或許應該稱之為人道死刑的病理。

追本溯源，從西元前延續下來的身體刑，隨著歐洲近代啟蒙思想的登場，在極短的期間內消失，究竟出於什麼理由？一般會以近代合理主義和人道主義來說明這個現象。在近代思想破曉之際，人開始迴避血腥的封建式身體刑；同時，也本於自由才是近代人最重要價值的理念，形成了剝奪重要的自由來達到刑罰目的的信念。

25 霍克海默（Max Horkheimer；一八九五～一九七三）：德國哲學家、社會學家。
26 阿多諾（Theodor Ludwig Wiesengrund Adorno；一九〇三～一九六九）：德國哲學家、社會學者、音樂評論家、作曲家。

這種觀念不僅受到法律思想支持，也受到社會思想支持。比方說，艾彌爾·涂爾幹（Émile Durkheim）[27]基於「未開化社會進化至文明社會伴隨刑罰嚴苛性的緩和」這個觀點，說明身體刑何以轉換為自由刑（《刑罰發展的兩個規律》[*Deux lois de l'évolution pénale*]）。涂爾幹認為，如果從量（「刑的輕重」）和質（「刑的種類」）這兩個觀點來分析刑罰，從身體刑變化到自由刑正對應了社會的進化和高度化。

關於死刑之前近代性的對立

然而，也有一些與此意涵不同的見解。魯希（Georg Rusche）[28]和科西海姆（Otto Kirchheimer）[29]認為，應該從經濟思想上尋求根據。從資本主義觀點來看，以身體刑傷害身體是無意義、無利益的行為，藉由自由刑處以勞役（徒刑）較為合理（《刑罰與社會構造》[*Punishment and Social Structure*]）。這種看法認為，以自由刑取代身體刑只是中產階級抬頭所產生的經濟需求變化，也可以單純視為商品經濟滲透的結果。

另外，米歇爾．傅柯（Michel Foucault）[30]則與上述涂爾幹的見解站在完全相對的反方。傅柯認為，身體刑變為自由刑是出於規訓權力的作用，與近代啟蒙思想的開明人道主義並無關係。

原因在於，權力的樣態已經從外露的主權權力，變成刺激個人內在以求取服從的規訓權力，環形監獄（Panopticon）正是其象徵。與其把不服從權力的人視為罪人，處以截斬刑等嚴酷刑罰，倒不如將其拘禁在監獄內，置於永遠受到權力監視的狀態，並將其內面改造為服從順應、為其所用，才是上策。是一種權力樣態的變化，只不過是權力的作用更加巧妙而已（**《規訓與懲罰》**[*Naissance de la prison, Surveiller et punir*]）。

簡而言之，傅柯認為身體刑的退場，與自由、合理性等明亮開朗的近

27 艾彌爾．涂爾幹（Émile Durkheim；一八五八～一九一七）：法國社會學家。
28 魯希（Georg Rusche；一九〇〇～一九五〇）：德國政治經濟學家、犯罪學家。
29 科西海姆（Otto Kirchheimer；一九〇五～一九六五）：政治學家，著名的法西斯分析學家。
30 米歇爾．傅柯（Michel Foucault；一九二六～一九八四）：法國哲學家、思想史學家、社會理論家、語言學家、文學評論家。

代性或人道精神均無關係，反而是顯示刑罰思想與權力之陰暗根源的現象。根據這樣的見解，便無法站在「身體刑的延伸」這個概念，提供死刑前近代性、非人道性的基礎。實際上，傅柯在《規訓與懲罰》中曾經說過，身體刑「既非變則，也不野蠻」。

結果，死刑反而是法律制度改變中的倖存者也說不定。

不過當然，死刑並未因此獲得積極的根據。這些與死刑終極根據的議論幾乎沒有關係。死刑不會因為「前近代」的特質而遭到全面否定，但也並沒有因此得到佐證。

以上大致梳理了在思想、哲學、法學等領域上，過去認為堪為死刑根據的主張。

到頭來，我們依舊無法在既存討論中找到死刑的終極根據。

法律與權利的「關鍵」——德西達的死刑論

最後剩下的，應該是死刑的超越論根據這種在價值喪失中的死刑自我肯定吧。

根據雅克・德西達（Jacques Derrida）[31]的說法，死刑不只是刑罰的一種，甚至是依據法律處罰本身的超越論根據。死刑是跨越了存在論、神學、政治哲學，堪稱「根本上為人性且合理」的「一種根據」「可能性之條件」「起源」，為法律與權利體系的「關鍵」。

德西達表示：「沒有死刑這種裝置，法律尤其是刑法或許無法存在。因此死刑為法律權利的可能性之條件，為一種超越論式的存在。」（**雅克・德西達＝伊麗莎白・盧迪內斯庫《明天會怎樣》**[*De quoi demain: dialogue*]）

他將死刑放到本來之人性的可能條件這個超越論的位置。德西達的結論並非肯定死刑，但是他認為死刑超越了知識和理論，在更深處與人類的

31 雅克・德西達（Jacques Derrida；一九三〇～二〇〇四）：當代法國解構主義大師、當代最重要亦最受爭議的哲學家。

存在相互呼應；換個角度看，或許已經超越了以往的論辯，揭示死刑制度的存在論層次。然而，如此未顯示明確內容的超越論根據，怎能令人滿足？

現代社會中的各種社會制度、法律制度，都必須在某種意義上具備目的合理性。一種意識型態（「思想傾向」）要成為社會中的制度，首先，其目的合理性必須受到承認，否則一種出於單純意識型態的制度，其正當性很難獲得認同（馬克斯・韋伯〔Maximilian Emil Weber〕[32]）。

人類社會與死亡的不安——黑格爾、馬克思、海德格、巴代伊、傅柯

死刑作為一種社會制度、法律制度，在我們存在論層次中具有何種目的合理性呢？

黑格爾、馬克思、海德格、巴代伊（Georges Albert Maurice Victor Bataille）[33]、傅柯等人，都不約而同以各種形式點出，人類的重要社會制

度幾乎都建立在死亡的陰影（人類對死亡的不安）下。

黑格爾認為，古代社會中奴隸與主人的關係得以成立，是源於奴隸對「敗北之死」的恐懼，其勞動建立在對死亡的恐懼上。這是一場企圖讓對方認同自己的自我意識之鬥爭，在賭上死亡的鬥爭裡卻步的一方，便墮入奴隸地位。另外，比起懸命於激烈的絕對理想，近代人多半選擇服從日常社會制度和規範，這也是出於對「抵抗之死」這種死亡的恐懼（**《精神現象學》**[*Phänomenologie des Geistes*]）。套句馬克思的話，這就象徵人類在應由勞動和鬥爭完成的歷史中，因為怕死而仍甘於奴隸狀態。因此他的結論是，唯有藉由無畏死亡的政治革命，來打破人類疏遠勞動的各種條件，除此之外別無他法，這也正是歷史的必然。

海德格則認為，死亡是人類無可避免的宿命，為了排解對死亡的不安，人類遵守繁雜的社會規則和規範，總是汲汲營營（「遺忘存在」與「墮落」），等到不得不面對死亡時，才得以擺脫這種日常的樣態（**《存在與時**

---

32 馬克斯・韋伯（Maximilian Emil Weber；一八六四～一九二〇）：德國的政治經濟學家、法學家、社會學家、哲學家，現代社會學和公共行政學最重要的創始人。

33 巴代伊（Georges Albert Maurice Victor Bataille；一八九七～一九六二）：法國哲學家、思想家、作家。

間》）。另外巴代伊主張，人類的暴力和性的根源衝動出於死亡的感覺，也就是這些行為中某種被稱為「小死」的現象，因此暴力和性才被視為禁忌；同時，與暴力、性相關的禁忌，成為社會上誕生規範、節制、勞動、生產的源泉。另一方面，不管是好是壞，這些都是為了維繫個體而存在，因此真正的聖性、至高性、情色性，唯有在超越禁忌處（「侵犯禁忌」）才會存在（《情色論》[*L'Érotisme*]）。

根據傅柯的人類科學分析觀點，近代以來的經濟學，並非以土地和貨幣來表示財富的實體，而是以源自勞動的生產來解釋財富（勞動價值說），此時的勞動是指人類在有限的生涯中，耗損時間和身體進行的行為。人類是一種有限的存在，為了免於貧窮而死，只得日夜勞動；因為想逃避死亡的威脅，反而消耗自己的時間，漸漸消失（《詞與物》[*Les Mots et les choses: une archéologie des sciences humaines*]）。

換句話說，勞動和規範是由對死亡的不安所支撐的社會制度、法律制度。我們或許可在與此平行的意義下，思考死刑帶來的死亡恐懼。

作為社會制度的死刑

為什麼不能殺人？「不可殺人」的根據何在？面對這個問題，或許只能回答因為人類的存在是一種「共存在」。

杜斯妥也夫斯基在《罪與罰》中，將他人和自己區分為「凡人」與「非凡人」，描寫出抗拒與他人共感，並企圖將殺人正當化的拉斯科爾尼科夫之精神風貌。相對於這種「殺人的邏輯與思想」，他也借索妮亞之口反問：「為什麼無法體會他人被殺的痛楚？」「高利貸老嫗和我們的差別何在？」作者企圖將拉斯科爾尼科夫在生存上區分凡人和非凡人的殺人哲學，與索妮亞認為他人和自己皆為一種存在的單純思考置於對立端，暗示後者帶來的救贖和人性的復活。相互了解和共存的思想，正是杜斯妥也夫斯基揭櫫的「不可殺人」之根據。

然而，「殺掉無益之人、有害之人、惡人，有何不可？」拉斯科爾尼科夫拋出的這個看似偏差，也像是大膽攤牌的提問，卻是一個難以回答的根本性問題。針對於此，杜斯妥也夫斯基透過與他人共存的「苦」（索妮亞的工作）與「樂」（索妮亞與周圍人們的接觸）所做出的回答，或許算得上是精采的答案。他認為人類的存在是一種超越自我中心性，能夠真正面對彼此的存在。

當然，與他人同在，對於現實社會中的我們來說，並不容易實際體會。尤其是要在《罪與罰》中，拉斯科爾尼科夫殺死的貪婪高利貸老嫗身上，感受到等同自己家人般的「同在」，絕對艱難無比。不，就算是近在身邊真心喜愛的人，在這個共同體連結已然崩潰的現代社會中，要產生自然的共存感，困難度有增無減。

然而，就算這不過是和偽善僅一線之隔的「漂亮話」，能夠迫近「不可殺人」的根源理由，就已經具備難以取代的價值。假如不能從正面回答，只能說出「因為法律就是這樣」「社會本來就是這樣」等答案，那麼法律規範和社會制度成立的根本將受到質疑，心靈戒律也付之闕如。到了這個局面，或許必須反過來說「殺人的權利」受到國家的限制。

那麼，死刑制度究竟如何？死刑只是唯一一種運用法律力量（強制力）喚起人類「共存在」意識的社會制度。假如殺人者在殺害他人之前能想到死刑的存在，那麼就可以把他人之死疊影在自己之死上。知道這一點，就能夠理解自己的生命與他人的生命共存這個事實。

只要有死刑制度，個人的自我意識便會趨向人類存在為「共存在」這個事實，也可以說是受到法律力量所驅使。拉斯科爾尼科夫在朝著高利貸老嫗揮下斧頭之前，應該受到法（死刑）的強烈驅使。那個時候，已經揭示索妮亞的心意（感受他人與自己共同存在的共存祈願）。他明明應該知道但卻沒有發現，或者刻意忽視，這才是拉斯科爾尼科夫真正的罪。

一旦廢止死刑制度將會如何？殺人者在殺害他人的瞬間無法產生上述機制。就算殺了人，反正根本沒有死刑，他人的死與自己的死沒有任何關聯。他人的死無法重疊於自己的死上，呈現徹底的斷絕，那麼「不可殺人」的根據很可能就此煙消霧散。

同時在另一方面，也不會在自我意識的驅動下，感受到自己之生與他人之生同時存在（「共存在」）。在一個廢止死刑的社會中，將失去透過法的力量強制讓人民了解這一切的所有機制和手段。只剩下像索妮亞這樣，憑藉個人資質，或者透過在現實社會中的辛酸痛苦體驗來自行領悟。然而這些都只是存在於制度外的現象，可以說成為一個喪失了將人類存在視為「共存在」的社會。

說得更清楚一點，一個廢止死刑的社會中，就等於讓「自己不想被殺，但是殺掉別人無所謂」這種偏差邏輯——這就是將拉斯科爾尼科夫的殺人哲學一般化、普遍化的說法——大搖大擺穿過法律之門。實際上，在奧斯威辛（Das Konzentrationslager Auschwitz-Birkenau）[34]便大規模地出現這種現象。奧斯威辛的特徵不僅在於藉由大量殺戮使得機械式被殺的生命失去意義，更讓殺人者成為無意義的殺人者，由此看來，可說讓殺人規範完全喪失意義。

以上是從死刑帶來的死亡意識，以何種形式連結到法律制度和社會制度的觀點所進行的思考實驗。乍看之下十足否定的「死刑帶來死亡恐懼」這個現象，其實支持著「不可殺人」這個戒律，甚至和人類存在為「共存在」有密切相關。換句話說，這是試圖從人類的現實存在樣態與社會得以成立的基本條件之間的關係，來思考殺人的禁止與死刑的恐懼。因此，與實際上殺人者當中有多少比例的人會在殺害他人之前想起死刑，或者實行後有多少比例被判處死刑等問題，並沒有直接關係，同時也並非問題的核心。

前面提過關於「一般預防」這種法律政策的根據，可以看見死刑抑制犯罪的效果，但是廢止死刑的情況下殺人件數的變遷等，與在此談論的問題並無深厚關係。那是機械式統計層次的問題，與包含存在問題在內的制度之存在論，屬於不同層次。就算在死刑廢止後的地區發現，廢止前後殺人事件件數沒有太大改變，然而在該社會制度下，也可能失去了戒律「不可殺人」的實質，可能已經成為一個與過去本質相異的社會。相反的，如果殺人事件件數在死刑廢止後出現有意義的增加，雖然等於更加佐證了上述觀點，但是「一般預防」本身只是一種二次根據。

到頭來，基於這種觀點，死刑制度是讓規範（戒律「不可殺人」）和人類社會性（一種「共存在」的人類存在）得以成立的「可能性原理」。

34 奧斯威辛（Das Konzentrationslager Auschwitz-Birkenau）：德國所設的猶太人強制收容所。

第四章

是否該因冤罪問題而廢死？

冤罪問題で死刑を廃止するか

英法的「反輿論式」廢死

死刑執行後發現的嚴重冤罪——英國埃文斯事件

平行的論戰

輿論能否凌駕冤罪不正義之上？

儘管如此，依然持續死刑制度的理由

不正義之比較的不可能

英法的「反輿論式」廢死

英國在一九六〇年代末期，不顧國內輿論的反對，大膽廢止死刑。據說當時英國國內輿論約有八五%贊成死刑制度。提摩西．埃文斯（Timothy Evans）事件在執行死刑後發現為冤罪一事，帶給英國的廢死極大影響。

因冤罪（不白之冤）被判處死刑的狀況，無須論道說理，都讓人感受到極大的衝擊。

高等法院重啟調查，讓埃文斯事件出現冤罪疑雲時，英國已全面停止死刑，三年之後廢止死刑的法案正式通過。

法國則在一九八〇年代初期，弗朗索瓦．密特朗總統時期廢止死刑。法國當時並沒有類似英國的情況（死刑冤罪問題），輕視輿論的政治主導傾向更為露骨。當時，法國國內輿論約有六二%贊成死刑制度。

密特朗在競選總統時，曾經提出廢止死刑的政見；在當選後，他的廢止死刑理念雖然可說受到民意的洗禮，不過除了密特朗本人，當時其他政府高層也曾經有這樣的發言：「等待輿論同意就太慢了！」由此可知，法國政府在這個決策上帶著濃厚的獨斷主義色彩。光就這一點來看，這與將決斷主義視為對抗民主主義之原理，並大加讚揚的納粹御用學者（法律顧問）卡爾・施密特（Carl Schmitt）[35]的思想，有共通之處。

死刑執行後發現的嚴重冤罪——英國埃文斯事件

促使英國廢死的一大動因埃文斯事件，除了是死刑冤罪之外，事件本身詭異至極，情節彷彿推理小說。在冤罪疑案中也屬特別具有衝擊性的事件，因此能強烈打動人心深處。

這個事件的始末是，被指控殺害妻子與女兒而被判有罪，最後判處死刑的提摩西・埃文斯，在執行死刑（一九五〇年）後出現冤罪可能，肇因是住在同一棟集合住宅樓下的人物，被發現是連續殺人犯。

35 卡爾・施密特（Carl Schmitt：一八八八～一九八五）：德國思想家、法學者、政治學者、哲學家。

埃文斯的死刑執行後，住在樓下的前警察官房間裡搜出六具女性骨骸，發現該住戶為連續殺人犯。而且他還以相當獵奇的方法保存被害人的遺骨（當作庭院棚架的一部分），也因此暴露出偵查機構的失態（搜索時沒有注意到「庭院棚架」）。再加上這個住在樓下的人物在提摩西．埃文斯事件時，曾是檢方證人，對判處埃文斯有罪有推波助瀾之效。因此，這件事導致情勢急轉直下，甚至廢止死刑，也不難理解。

然而，另一方面，也不能否認這樣的結果確實讓人覺得，本應從各種觀點充分討論再決定的事件，就此草草收束。假如死刑問題沒有經過整體討論，光靠感覺來做出存廢結論，那只能說是偽根據或錯覺。

平行的論戰

在英國，冤罪成為廢止死刑的一大根據；在日本，死刑冤罪的可能性同樣是死刑廢止論的最大根據（團藤重光《死刑廢止論》［有斐閣］等書）。

對於這類死刑廢止論（因冤罪主張廢死論），往往有人提出反駁：「冤罪是審判制度的問題。」「冤罪並不僅限於死刑。」同時，也往往有進一步延伸這些言論的傾向，諸如以下反駁：「假如因為冤罪就要廢止死刑，那應該也得廢止裁判制度。」「無可挽回這一點，和其他冤罪一樣。被判處自由刑的人，也無法挽回失去的時間。」

然而，死刑冤罪的問題是死刑制度與裁判制度之界限（誤判）交疊的問題領域，廢止死刑論所強調的是，問題在這交叉點上被擴大、增幅至極端不正義。也就是說，這是一種對特異點的批評。所以光是轉移焦點，將冤罪歸類為一般性的審判問題，稱不上充分的反駁。

再說，以冤罪為廢死論之根據者所主張的是，不讓死刑這種刑罰成為立法政策上的刑種選擇，並未論及裁判本身。實際上，也只是將死刑判決置換成終身刑判決或無期刑判決，並無意廢止特定裁決。

另外，要將自由刑和死刑之不可逆性一視同仁，從質的層面看來也明顯有困難。自由刑只剝奪身體的自由，其特點在於仍然保留人類基本意義上的尊嚴。即使因為冤罪受到錯誤處罰，基本意義上的人類尊嚴也並未遭受剝奪。「被判處自由刑的人，也無法挽回失去的時間」這種混亂類別的反駁，不得不說根本沒有充分理解近代啟蒙時期刑罰體系從以身體刑為主，一口氣轉換至以自由刑為主的歷史意義。刑罰「從身體轉移到自由」的最大意義，在於不再將罪行烙印在人類存在之上（因此，就「無法挽回」這一點，死刑和身體刑可謂相同，但自由刑則並不一樣）。

由這些意義看來，一般論點並非有效的反論。因為冤罪被判處死刑，確實是極度且絕對的不正義，這一點是不爭的真實，也無從否定。

輿論能否凌駕冤罪不正義之上？

另一方面，或許有些偏離主旨，但一般來說，死刑存廢的最後決定理應從各種觀點來充分討論，再參考輿論動向而決定。實際上，大家對這種一般性的論點本身也多半沒有異議。

當然也有一派見解認為：「死刑問題的性質上牽涉到人權，因此不需要將輿論視為決定性因素。」然而儘管如此，也並未斷言可以忽視輿論的動向，當然也不可能如此公言。

以日本為例，根據最近一次內閣府的輿論調查（二〇〇九年實施、二〇一〇年公布），贊成死刑制度有八五．六％，認為應廢止的有五．七％。這是由公權力主導的調查，也有人對調查方法是否適當表示疑問，不過為了重新驗證又追加實施的ＮＨＫ輿論調查（二〇一〇年）中，贊成死刑制度依然有五七％，認為應廢止的有八％。

在這種狀況下假如執意廢止死刑，勢必會損及人民的規範意識和對制度的安心感。兩者差距如此之大的狀況下，維持死刑或許可以說符合人民的法律確信。

關於刑罰的一般理論，有一種「規範預防論」的立論。規範預防論的基本前提為，大部分人沒有犯罪，是因為知道犯罪是一種「惡」，而自發性地這麼做，並不是因為有刑罰存在，才打消念頭。在這個前提之下，以刑罰的存在進一步積極鼓吹自然的規範意識，加深人民對法律的確信，進而抑制犯罪。根據這樣的想法，在現代日本的狀況下，理論上看來也應該保留死刑。

調查結果一覽表

（單位：%）

	問題	「關於死刑制度有如下幾種意見，您贊成哪些意見？」		
1989 年 6 月	調查年月＼回答	1994 年 9 月	1999 年 9 月	2004 年 12 月
15.7	無論任何情況都應廢止死刑	13.6	8.8	6.0
66.5	視情況有時不得不採用死刑	73.8	79.3	81.4
17.8	不知道、難以一概而論	12.6	11.9	12.5

（單位：%）

問題	「假設沒有死刑，有人認為兇惡犯罪會增加、有人認為不會增加，您認為呢？」		
調查年月＼回答	1994 年 9 月	1999 年 9 月	2004 年 12 月
會增加	52.3	54.4	60.3
不會增加	12.0	84.4	6.0
難以一概而論	30.8	32.4	29.0
不知道	4.9	4.8	4.8

根據〈調查與資訊——ISSUE BRIEF. No 651〉《基本法律制度之相關輿論調查》（2004 年 12 月調查）內閣府大臣官房政府廣報室，2005 年由間柴泰治製作

內閣府（總理府）關於死刑制度實施的輿論

I　關於死刑制度的存廢

問題	「在現在的日本，無論任何情況都應廢止死刑的意見，您贊成或反對？」			
調查年月 / 回答	1956 年 4 月	1967 年 6 月	1975 年 5 月	1980 年 6 月
贊成	18	16.0	20.7	14.3
反對	65	70.5	56.9	62.3
不知道	17	13.5	22.5	23.4

II　關於死刑的犯罪抑止力

問題	「沒有了死刑這種刑罰後，您認為兇惡犯罪會增加嗎？或者不認為會特別增加？」		
調查年月 / 回答	1967 年 6 月	1980 年 6 月	1989 年 6 月
會增加	52.4	56.3	67.0
不認為會增加	30.6	19.6	12.4
難以一概而論	4.6	17.0	16.2
不知道	12.4	7.1	4.4

調查對象為 1975 年 10,000 人、1999 年 5,000 人，其餘 3,000 人，
以日本全國 20 歲以上國民為對象

從法律確信這個觀點來說，考量輿論意見除了民主主義的需求之外，還有更深一層的意義。

如同前述，在英國決議廢止死刑當時，國內輿論還有約八五％贊成死刑制度。也就是說，英國的廢死其實包含冤罪問題與國民法律確信之對立這個難題。因此在這一點上應如何面對、梳理，依然不明朗。

儘管如此，依然持續死刑制度的理由

「因冤罪被判死刑」這個事實，無條件地帶給我們衝擊。因為不白之冤而被判處死刑是絕對的不正義，沒有任何人能否定。然而，就算這是絕對的不正義，難道就能夠絕對地導出應該廢止死刑這個結論嗎？

為了避免冤罪死刑這種不正義，無論如何都得廢止死刑，這是一種以形式邏輯來掌握制度的直接存在之立論。假如要站在人類的現實存在樣態和意志秩序的次元，來思考死刑制度和審判制度，或許不盡然如此。從這層意義看來，以冤罪問題作為根據，主張死刑廢止，不免顯得片面。

以冤罪為根據的廢死論，建立在將死刑冤罪防止和死刑制度廢止這兩種事件的必然性作為自然性因果（「非A則非B」）上。我們的確無法否定這兩者之間存在自然科學意義上的因果關係。然而，裁判制度和死刑制度的對象，原本就是「責任」「自由」「良心」「償還」等規範性世界的各種現象。我無法理解，為什麼在這裡會突然出現自然科學式的想法。換句話說，因冤罪主張廢死論者所謂的「必然性」主張當中，並不具備必然性。在一個規範性世界中，成立的或許是其他的關係。

假如打個比方說得更具體一些，大概如同下面這個例子。

會導致非自然死亡的社會制度，包括飛機和鐵路的運行、汽車的使用等。在飛機和鐵路運行、汽車使用已經成為常態的現代社會中，統計上一定會產生相當數量因此身亡的死者。但是儘管如此，我們的社會並不會放棄飛機或鐵路的運行，也不曾禁止汽車的製造和使用。這是為什麼呢？

光是「為了方便，多少有些犧牲也是難免」，想必不是充分的理由吧？反過來說，如果純粹因為方便而出現犧牲者，在現代社會中是絕對不會被認同的。我們的社會不可能承認因為單純的方便而有人犧牲，但是這樣的制度卻繼續存在。在這種情況下，反而無法因制度的直接存在讓該現象正當化。

在這種社會制度下，「不承認為了方便而出現犧牲者，因此必須努力使其極小化；另一方面，即使這些現象不會變成零，也持續這樣的制度」，這種想法無疑相當正確，但是要將其正當化，並不能只從事實的因果關係來詰問事物根據，而是必須探求其因意志所生的秩序之意義。不能缺少對人類史上交通方法發達的意義、文明和文化開展過程與高速交通的關係、現代社會中市民的日常生活型態變化、對個人幸福追求和精神自由度的貢獻，以及人為事故等人類社會現實倫理等考察。

死刑固然不能與飛機意外一概而論，但是對於冤罪死刑，到底該說「既然不管再怎麼努力都不可能變成零，那為了防止這種現象只好廢止這個制度」？還是應該將其視為意志上理知的秩序，主張「絕對不認同因冤罪導致的死刑，因此必須努力使其極小化；另一方面，就算無法使其完全消失，也不得不繼續這種裁判制度」？這就是問題所在。贊成死刑制度的比例有八五．六％，這或許代表社會選擇了後者。這也可以視為是現在日本的法律確信。

這種法律確信，並非「可以接受冤罪（或者不得不接受）」，而是「絕對不接受因冤罪導致死刑」，「然而假如正在努力使這種可能性極小化、盡量趨近於零，那麼可以接受死刑裁判這種制度繼續存在」的確信。

不正義之比較的不可能

以冤罪為根據主張廢止死刑的論點，還會提出下列說法。

蒙受不白之冤的人被判死刑，和奪走人命卻沒有判處死刑相比，「是無法兩相抵銷且更龐大的不正義」（團藤上述引用書）。

乍看之下似相當具說服力，然而真能如此論定嗎？

將一個清白的人處以死刑，和以殘酷冷血的方式奪走數百萬條人命卻未被判處死刑，到底哪一種比較不正義呢？這並不是能簡單作答的問題。後者諸如納粹的猶太滅絕政策，丟出歷史上實際發生的問題。這場前所未有的大屠殺，除了數量龐大之外，還刻意採用在猶太人母親眼前射殺孩子的方法等等（例如馬伊達內克集中營就有極多這種例子），問題嚴重深刻，不容我們進行輕率的比較。假如認為前者較不正義，那也必須是歷經充滿苦惱的思考和討論之後做出的結論。

現實世界中，人類的存在總是難以免於苦惱，我認為在這裡必須要有的根本態度，是面對苦惱，並且探問苦惱的意義。

本章至此試圖尋找死刑極致的根據，冤罪死刑的問題可為一種翻轉構圖。冤罪問題或許可以成為衡量死刑存廢之優劣的相對根據（在此範圍內或可顯示廢止論的優勢），但可能仍無法對死刑廢止論提出極致的根據。

包含冤罪在內，死刑制度現在依然是一個尚未解決的課題。

第五章

死的權力之全貌

死の権力の全貌

從正義論到權力論

死刑與傳統權力

死刑與近代工業社會

排除邏輯的產生

淨化的悖論

和緩且合理的權力之可怕

資本主義與集團規律化

規律訓練與刑事司法

日本的刑事司法何以令人絕望？

難以用正義與否來斷定的討論

通往市民死刑論的路徑

從正義論到權力論

死刑存廢除了盧梭和康德的哲學立論，也包含政策效果等功利主義式的討論，廣義來說屬於正義論的一種。

在正義論中，為了探求人類和社會的根本原理，終歸只是抽象地處理普遍事項。因此，死刑的正義論也僅止於罪與罰、生命與人為死亡、刑罰的本質，以及刑罰在人類社會中的角色等抽象的一般討論。

原本在正義論整體中，並沒有特別關注死刑問題、進行過充分討論。不僅如此，甚至可說只在小小一角虛應故事般地處理。正義論主要處理的主題為財富與財貨、社會地位與名譽的適當分配、負擔與風險的公平分擔、權利與自由的恰當保障、機會的均等保障等，死刑問題完全被逐至邊緣。

現代正義論的主流為約翰．羅爾斯（John Rawls）[36]的自由主義式正義論，其主要著作《正義論》（*A Theory of Justice*）大半都在討論社會財富的分配。此外，邁克爾．沃爾澤（Michael Walzer）[37]在《正義諸領域》（*Spheres of Justice*）中，將正義論的問題領域區分為十一個，其中並沒有包含死刑問題。根據麥可・桑德爾（Michael J. Sandel）[38]的《正義：一場思辨之旅》（*JUSTICE: What's the Right Thing to Do*）所述，羅爾斯派的自由主義式正義論在原理上（因為受到不同價值觀左右），應該無法處理死刑問題。這麼一來，截至目前為止，針對死刑問題的切入點也產生了疑點。死刑論的主戰場究竟在不在正義論範疇之中，確實可疑。

就算不看這些，正義論的範疇中往往因為其抽象性，導致現實政治權力和法律權力的樣貌被割捨，也阻斷社會實踐要素。無庸置疑，決定死刑、執行命令的是司法權力這種國家權力。這是不同於民事司法權或行政裁判權，堪稱最為殘酷也最為可怕的權力之作為。死刑不僅是帶給特定國民死亡的制度，（視其運用方法）也是威脅整體市民社會的制度。

除了探問「死刑是否正義」之外，也需要具備是誰基於何種意圖提問、企圖論述「正義」的觀點。

因此在這裡，論述轉移到權力論的層次，不單只是因為在正義論中尚

36 約翰・羅爾斯（John Rawls，一九二一～二〇〇二）：美國哲學家。

37 邁克爾・沃爾澤（Michael Walzer，一九三五～）：美國政治哲學家。

38 麥可・桑德爾（Michael J. Sandel，一九五三～）：美國哲學家、政治哲學家、倫理學家。

未累積充分的討論材料，更是為了確保市民為自由且自律的存在，我們必須將觀點從死刑存廢討論轉移到左右個人生命的「死的權力」行使方式上。

死刑與傳統權力

那麼，什麼樣的權力批判方法才有效呢？

近現代的權力可以用抑制自由與人的異化來象徵。最能掌握此種近現代權力特徵的權力觀，就數米歇爾．傅柯的權力分析了。

傅柯的權力分析不僅具備一舉顛覆古典權力論（「主權理論」）的嶄新觀點，並且具備本於歷史學、系譜學分析的事實客觀性。他也廣泛地在社會結構中觀察權力機制，就這點而言，其分析超越過去侷限於法律權力（或者政治權力）的權力觀，同時也出現馬克思主義式的權力觀所顯現的意識型態。

這可說是一種現代、泛用的權力批判方法論，而且十分優異。

傳統的權力論將國家權力視為具備權力的絕對性、最高性等特徵的主權權力，但是傅柯主張，近現代國家除了是一種主權權力，也是一種「生命權力」（bio-pouvoir；**《必須保衛社會——法蘭西學院教程，一九七五～一九七六年度》《安全、領土、人口——法蘭西學院教程，一九七七～一九七八年度》**）。

國家權力最重要的本質便是給予違抗者死亡，或者剝奪其自由的強權式權力。這代表過去國王的絕對生殺大權。那麼，不採行王政的近現代國家中又有什麼樣的權力呢？

從系譜來看，裁判權是一種與王權相容性高的權力作用（「國王的裁判權」），這也可從剝奪生命的死刑上看出來。近代以前的絕對王政時代，由國民代表組成的議會（「立法」）或現代式福利國家（「行政」）等，都還看不到絲毫跡象（唯一的例外就是英國內亂期間的議會）。大家認知到的國王權力往往是裁判權和課稅權，從中世封建制度到絕對王政的改變，是（在與貴族諸侯的特權之關係上）該王權的延伸過程。將其視為權力的性質論時，司法權正是繼承了過去國王生殺與奪大權的國家權力。

因此，絕對王政時代和立憲君主制時代自然不用說，到了共和制時代之後，不管是有意識或無意識，討論權力論時，總是會將司法權納入（「法律權力模式」）。馬基維利（Niccolò Machiavelli）[39]、霍布斯、洛克、孟德斯鳩、盧梭等人的政治理論或理想政體固然不同（絕對王政、立憲君主制、人民主權），但是就權力觀而言，皆以「法律權力模式」為基礎。

因此，進行與司法權相關的權力批判時，首先必須理解這個前提：批判對象是與過去國王裁判權相連的主權權力。

然而光靠以上觀點還不夠。傅柯認為，那些（「主權權力」和「法律權力模型」）在權力批判上只是理所當然、無須特別一提的前提事項，近現代權力的特徵其實另在別處，那就是「生命權力」。

死刑與近代工業社會

那麼「生命權力」究竟是什麼？

這是一種關注國民生命的權力，傅柯將其命名為「生命權力」。這種權力思考如何讓人民活著，關注國民安全、注意其生存狀態，致力於提升國民生活（衛生、醫療等）。但是，其意義並非出於尊重個人，而是將國民人口視為國力，並為了增強國力，而努力讓國民活著的權力思維（**《安全、領土、人口——法蘭西學院教程，一九七七～一九七八年度》**）。

絕對君主的主權權力是一種不允許絲毫違抗其權威的存在，並且是一種會毫不容情剝奪人民生命的權力。但是在近代國民國家中，國民和領土並列為組成國家的要素。同時，隨著近代資本主義的成立，也開始將國民視為生產力。

從這些觀點看來，就算稍微違抗權力方，但輕率殺害民眾不僅無意義，也是損失，可說只是一種下下之策。因此，近現代的權力具有擺脫主權權力的嚴苛性，轉移向「生命權力」的傾向。

傅柯的論點出於近代歐洲人口大幅增加這個背景。人口論的轉換一般都會從與工業革命的關係來說明，不過傅柯並未僅從現象的因果律來觀察，而站在權力論層次重新解讀出其獨創的觀點。

工業革命帶來的工業化使得生產力急速增加，並且出現改善營養狀態、

39 馬基維利（Niccolò Machiavelli；一四六九～一五二七）：義大利文藝復興時期的政治思想家、佛羅倫斯共和國的外交官。

降低嬰幼兒死亡率等衍生效果，因此實現了出生率高、死亡率低的社會。在社會經濟史上首次出現了現今社會型態的雛形。除了人口扶養力的改變，傅柯也將其視為國力和權力的轉變。

上述傅柯從社會學角度進行的權力論考察，在法學領域中可以對應到教育刑論的出現。

教育刑論的目的在於改善具有社會危險性的人，使之成為對社會有用的人，與其對犯罪者施加嚴厲的制裁，更企圖有效利用，讓他們重新在社會中發揮效用。

歐洲進入十九世紀後半，以勞工子弟為主的年輕世代頻繁偷盜，這種社會現象逐漸顯著，諸如流浪漢和娼妓等苦於生活的人之犯罪現象也出現蔓延跡象。由於資本主義經濟發展和都市擴張的影響，生活環境惡化導致的再犯現象大幅增加。教育刑論之所以誕生，有著這種工業革命後社會經濟結構迅速變化的背景。

排除邏輯的產生

讓我們再回到傅柯的權力論。「生命權力」是將國民人口視為一種國力，關注構成國家的國民生命的權力。「生命權力」關注國民生命這一點固然是好事，但這僅僅是出於單純將國民視為國力的觀點。

如果只從增強國力的觀點來看，沒有生產性的國民、不具備社會有用性的國民該怎麼辦？有可能被視為低價值或者無價值。其結果可能導致篩選國民、排除價值低的人。這是「生命權力」作為排除權力的一面。

近現代的權力除了是國家（國家主權）基礎的主權權力，還有另一個「生命權力」的面貌，這是一種只因為生產力而讓國民活著的權力，從這種觀點來看，讓國民活著和（基於生產性）排除部分國民之間，並沒有太大的矛盾。

傅柯認為，正因如此，在近代國民國家誕生的同時，重新出現一股「瘋狂」現象，進入這個時代，首次將精神障礙者視為狂人加以隔離。性倒錯者和流浪漢也成為篩選和排除的對象（**《瘋癲與非理智：古典時期的瘋癲史》**[*Folie et* *déraison: histoire de la folie à l'âge classique*」)。

傅柯的這些討論在法學領域來說，可對應到「特別預防」的觀念。特別預防中所謂的「預防」是指預防再犯，因此其前提為再犯的預測。也就是說，針對每個犯罪者篩選其具備什麼程度的危險性和反社會性，成為理所當然的前提。就法律政策論來看，明顯具有連接到篩選和排除的傾向。此外，原本計畫要除去犯罪者的惡性，進行良化，所以在達到良化目的之前，往往會一直將其隔離。

淨化的悖論

國家追求生產性、社會有用性的企圖愈高，不只篩選和排除，甚至可能產生阻止低價值子孫出現的思想。這就是近代的優生思想，也是二十世紀後忽然出現的國家優生政策（類似的法制有美國印第安那州絕育政策、納粹絕育法等）。不僅如此，傅柯認為「生命權力」將會反轉，成為一種與主權權力不同意義的死的權力。

「生命權力」儘管關注國民的生命，但並不考慮個人生命的尊嚴。它只考慮作為國家構成要素的總體國民生產性與社會有用性，並非出於尊重個人生命、自由、權利的觀點。相反的，一個沒有用的生命、生產性較差的生命、對社會無用的生命，對其尊重的必要也就相應減少。在這種權力之下，沒有生產性的國民、不具備社會有用性的國民，很可能被視為「沒有生存價值」。

「生命權力」會對國民進行篩選、排除，最後反而轉化為淨化形式，對國民運用賦予其死亡的權力。這種思維具備上述必然性和危險性，也就是暗藏著抹殺的力量（**《必須保衛社會——法蘭西學院教程，一九七五～一九七六年度》**）。

實際上回顧過往歷史，第二次世界大戰中納粹德國執行殘障者的大量安樂死計畫（T－4行動），便公然主張本於「慈悲之心」結束「不值得生存之生命」的政治宣傳活動。其結果是多達十萬人的殘障者在專業醫師指示下，以給予藥物、氣體噴霧等方式遭到屠殺，而司法相關人員也同意這種作為。

傅柯的上述批判從法學領域來說，牽涉到和特別預防有關的「良化與無化」問題（詳見第三章）。原本，特別預防是矯正、除去犯罪者惡性的「良化」效果，但死刑的「無化」效果遠遠超過於此。不僅如此，從法律政策根據來談特別預防的見解中，現實上認同死刑之無化效果的傾向極強。

特別預防的無化效果問題，在討論領域上屬於「法律政策」，但另一方面，前面提到在「法律原理」的討論領域中，也有站在教育刑論立場肯定死刑的教育死刑論。原本，作為法律原理根據的教育刑論與作為法律政策根據的特別預防，這個「法律原理＝法律政策」的組合有極高的相容性，同時也是相當貼合現實的方法。

為什麼原本相反的「良化」和「無化」概念，竟能連續且融為一體？為什麼會產生剝奪生命是一種教育的謬誤？這可以說是潛藏在死刑論中的謎題，而傅柯的權力論精彩地剖析了問題的成因。若不先了解傅柯所謂由「生命權力」轉為死的權力的反轉機制，則無法回答這些問題。

和緩且合理的權力之可怕

加入權力論的觀點來思考時，教育刑論和特別預防說與其語感（「教育」「特別」）相反，其實相當危險。光從正義論來看，絕對無法充分了解其危險性。傅柯曾經直接在其權力分析中說到這些想法的危險性：

「死刑的執行，同時是界限、醜聞、矛盾。為了維持死刑，比起犯罪本身的輕重，更不得不強調犯人的異常、矯正之不可能，以及社會安寧等等。因為這些人對他者來說是一種具備生物學危害的人類，可以合法地加以殺害。」（《認知的意志》[*La volonté de savoir*]）

所以在死刑論中，不能如同字面上接收討論教育刑論等其他立基於正義論的文字，必須察覺隱藏其中的權力意圖，否則就會輕易地被死刑權力所利用，這就是所謂的死刑權力。生活在現代的市民，必須從事可帶來有效批判、凡事存疑的知性活動，作為一種社會實踐。這也正是本書提出「死刑權力論」的理由。

況且，如果以傅柯權力論為前提，不管是排除的權力或者淨化的權力，都和明顯表露的主權權力不同，理應包裹在「生命權力」之下，以不容易被看到、無法輕易了解的方式存在。

以往在優生學中使用了「低價值者」的觀念，權威學者們讚揚「人種改良」，與納粹攜手。這也影響希特勒在戰時實行的殘障者屠殺（前述T－4行動，在設施內實施障礙者的大量安樂死計畫），優生學作為一個學門，總是高唱「改善人類遺傳因子」的口號，乍看之下有著進步的外貌。

為了防止生出不良的子孫，日本的《優生保護法》（現稱《母體保護法》）直到一九九六年都打著保護母體的名號，訂定強制絕育的規定。在此，國家企圖進行改良人種的危險嘗試，也換上合理且和緩的虛偽外貌。

這種「生命權力」的作用是否也潛藏在看似和緩、合理，甚至看似進步的現代司法權之中呢？司法權有著死刑這個最為強權的「排除」和「淨化」手段，因此我們不能不質疑其與生命權力之間的關係。

資本主義與集團規律化

近現代的權力除了是一種主權權力，也必須理解為一種「生命權力」，除此之外還有另外一種面貌。

我們可以將之稱為「規訓權力」。

隨著資本主義社會的成立，工廠、學校、軍隊等規律訓練開始變得不可或缺。近代工廠為了大量生產規格齊一的商品，必須嚴格遵守工作時間和休息時間，同時進行動作，也必須遵守規範執行固定的工序。動作的劃一性、作業水準的均一性、無條件遵守時間等，都得透過規律訓練來培養。

傅柯認為，學校和宿舍中瑣碎到幾乎沒有意義的規則遵守、細至分鐘單位的守時觀念，也都是進入近代資本主義社會後才首次出現。另外，在軍隊中幾乎異常的手腳統一機械性動作（行進、敬禮等）、極不合理的非人性時間設定（用餐時間、入浴時間等）也是一樣。

上述這些特性，必須貫徹到讓個人習慣不去對這些要求抱持疑問、不去思考其背後的理由。資本主義期待出於個人個性的主體行為轉化為機械式的習性。藉此，最終可使個人無意識地服從、反射性地動作。

如同上述，主權權力是一種對於違抗者會毫不容情行使物理力量，進行傷害，致其死亡的殘酷權力。

傅柯認為，這種權力的真實面貌在近現代轉換為「生命權力」。但是不僅如此，近現代的權力也改變了行使權力的方法。權力不再是由外部往個人身體行使物理性作用力，而是藉由規律訓練從內部作用，漸漸改變個人的主體性，使其最終變得順應權力，並且無力化。不僅是權力的內容變化為「生命權力」，連權力的運作方式也不同以往。傅柯將此稱之為「規訓權力」。這與其說是顯示權力內容的名稱，更像是一種關於權力行使方式的說法，亦即所謂的「規訓權力性」。

這種規訓權力的典型例子，就是監獄（傅柯《規訓與懲罰》）。

傅柯認為，監獄就是一個貫徹著透過不斷的監視、強制規律訓練，以及絕對嚴守時間等方式，試著將犯罪者改變為對資本主義社會有用之人類的場域。其中最具象徵性的就是所謂環形監獄。

環形監獄是功利主義代表傑瑞米·邊沁所提倡的近代監獄設計思想，將囚室呈圓形，環狀配置在中央監視塔周圍，藉由建築物的監視功能，讓囚犯自動將規律內化。在這裡並不會不留情地去傷害違抗的人，無須對違抗者動手，就能使其自動順服權力。

以上各點已經分別從不同角度出現過（詳見第三章的「關於死刑之前近代性的對立」），這是關於如何看待刑罰體系從身體刑轉換至自由刑的對立。另一方面，也有以近代啟蒙思想來加以說明，認為這是基於開明人道主義而產生的變化，覺得這是一種近代自由精神的開展。

然而，傅柯卻否定這種觀點。傅柯認為，身體刑是主權權力明白的姿態，自由刑則是監獄的規訓權力作用。其中只有權力作用的方法改變，與開明的近代性或人道精神等皆無關係。甚至可以說，同樣是勞役，近代自由刑卻不採取牢外的勞動服務型態，更證明近現代權力執著於「禁閉」的黑暗面。

我不打算繼續就這一點再深究討論，但無論如何，環形監獄代表一種與原本主權權力完全不同的權力型態，可以說是一種具備更巧妙機制的權力樣態。

規律訓練與刑事司法

傅柯的這番權力分析，與本書主題死刑論有何種關聯？傅柯認為環形監獄是一種典型的規訓權力，是監獄的權力作用，並非等同於司法權力。不僅如此，傅柯在《規訓與懲罰》中曾經說過，司法與監獄的權力形式存在著落差，司法並不具有監獄般的規訓權力性。他在權力分析上，將司法權力和監獄的權力區分開來。

從某種意義來看，這是理所當然的道理。以司法來說，在審判結束之前，根據「無罪推定原則」必須視被告人為自由、自律的個人，因此在審判原則上，不允許法官發揮規訓權力。那麼，傅柯的規訓權力理論究竟發揮在司法權的哪些地方？又或者根本沒有發揮？

其實，規訓權力存在於令人意想不到的地方——規訓權力運作的對象是法官。司法權力在其內部對法官自身作用，這個場景正是規訓權力之所在。至少就日本的司法來說，我可以篤定如此斷言。關於這一點，我曾從司法權力批判的觀點詳細寫過一番論證（《司法權力之內幕》筑摩新書）。

以下我不再詳述，僅舉出要點。日本法院的顯著特徵例如，不給各個法官單獨辦公室，令其共處於法官執務室以相互監視；僅讓公務車往返法院和官舍之間的隔離制度；實質禁止擁有自用車；休假時間只能待在法院或官舍中的封閉性。

傅柯認為，滋養規訓權力性的土壤除了監視之外，還有區隔、隔離性、狹隘性、封閉性、黑暗、不可視性（不透明性）等。

另外補充一點，日本法官受到不同於民間百姓，甚至明顯不同於其他公務員的特殊規則，或者實質規範的管理。例如，旅行申告制、禁止參與競輪賽馬等公營賭博、禁止從事小鋼珠和麻將等「不健全」的遊樂、禁止在官舍和廳舍外飲酒等。而這些規定，都與囚犯的處境有著奇妙的雷同。

另一方面，受刑人假釋出獄、回歸社會後，依然必須遵守某些事項（**《更生保護法》《犯罪者預防更生法》**）。根據這些法律，①住處變更、旅行；②貪圖投機的行為（公營賭博），或者因遊樂導致的浪費；③過度飲酒等，都受到禁止或限制。

為什麼法官和假釋者的處境如此類似？可以推測，對法官也有一樣的規訓權力機制在運作。實際上，法院本身就是一座類似監獄的環形監獄，法官也可以說是一種「被因之身」。簡而言之，司法權力以其看不見的視線，透過相互監視的形式，投射在法官個人身上；在這種監視視線下，讓每個法官從內將自己改變為符合權力需求的樣貌。

日本的刑事司法何以令人絕望？

規訓權力的機制下，不讓各個法官享有自由，使他們將特殊規律內化。結果讓日本刑事司法具備下列顯著的特徵。

首先是有罪率。由職業法官負責裁決的官僚司法時代，整體有罪率自一九八〇年以來，經常是九九．八％，多的時候還超過九九．九％。一九九七年，達到有罪率九九．九五七％。有罪率九九．九五七％代表什麼意義，我想也無須贅述（導入裁判員制度後，有罪率稍微有減少趨勢）。

不僅如此，在正式審判前的搜查階段，是否拘留嫌犯的羈押決定率，也多為九九％左右。這個階段搜查方當然希望扣留嫌犯、進行偵訊，可是為了實施羈押，法律上要求必須進行羈押裁定，目的在於藉由法院來發揮適當的抑制功能。然而，在日本實務上幾乎是形同虛設，無條件通過。

由上述可知，日本職業法官並非中立存在，而是較偏向搜查方。甚至可以說，法官放棄了原本權限，充其量只是追認搜查結果。

我國（編按：日本）的刑事司法實在太過特殊，就連刑事法學的權威也曾經嚴厲批判。戰後引領日本刑事法學的平野龍一博士（前東大校長）的學說，形塑了刑事法學界的通說。平野博士做了以下批判，他認為日本法院並非「判斷有罪或無罪的所在」，只是「確認有罪的地方」，「我國的刑事裁判可說相當令人絕望」（**《現行刑事訴訟之診斷》**）。

本書中將日本法官的這些特徵稱為「刑事司法的日式傾向」。

刑事司法的日式傾向當然也呈現在死刑判斷上。在裁判史上曾有許多事件明顯呈露出這樣的傾向，關於這一點我已經在其他書中詳述（**《司法權力之內幕》筑摩新書**），所有實例內容我在此割愛不述。

我國的職業法官除了身為肩負國家權力要角原有的無情，更因規訓權力的作用帶有偏向，而且還是堪稱「反市民」、極為特殊且明顯的偏向。儘管悲哀，但這確實是日本刑事司法的現實。

難以用正義與否來斷定的討論

如同前述，無論近現代的權力（當然包含死刑權力）再怎麼換上平靜溫厚的包裝，仍具備以優生學式的冷酷賦予死的權力的一面（「生命權力」）。

此外，近現代權力還具備朝個人內部作用，消滅其主體性，促使個人自動臣服於權力的規律訓練性（「規訓權力」）。在日本，正是由接收過剩規訓權力作用的職業法官，來行使定奪生殺的死刑權力（這是不同於「生命權力」問題體系的另一種權力論問題體系）。

再者，傅柯認為，最近的國家權力與過去的極權主義不同，呈現出新治安國家的樣貌。也就是說，現代管理社會的國民意識具備「往安全傾斜」的顯著特徵，正是由於這種權力變化的背景（如果傅柯權力論的第一問題類型為「生命權力」、第二問題類型為「規訓權力」，這可以說是第三問題類型）。

關於第三問題類型，後文還會再詳述，就結論來說，我們發現許多時候權力的行使不得不經過雙重、三重意義的扭曲。

在這裡試舉一個以上述權力論考察的範例。

傅柯認為，「瘋狂」之所以像現代這樣被視為一種疾患（精神疾病），並非起因於科學進步或精神醫學的發展，而是出於特殊時代背景或者時代的需求（《瘋癲與非理智：古典時期的瘋癲史》）。

瘋狂當然不會突然成為可治療的對象。瘋狂成為疾病，只是為了將精神障礙者冠上狂人之名加以隔離，與「生命權力」的誕生有相同的軌跡。這只是在「生命權力」作用下，排除沒有生產性的國民、不具備社會有用性的國民之一環。在這之前，所謂瘋狂，被視為諸如李爾王之類的人性，是用來表現人類深沉苦惱和糾葛的精神狀態，或者與超越性現象相關的身心狀況，為精神樣態的一種。

也就是說，在傅柯看來，將人類的瘋狂視為疾病的觀念（與身體病變等值的觀念），並非在瘋狂本身找到根據，或者有了科學根據，只不過是特定時代（傅柯所謂的古典主義時代）中，由權力作用使其成立的現象罷了。

乍看之下理所當然的現象，如果以權力論的觀點重新檢視、投以批判的目光，原先的前提將逐漸瓦解，顯露出真實赤裸的姿態。在這裡，我試著把同樣的道理套用在死刑上。到前一章為止，我試著在正義論的層次探究死刑是否有終極根據。儘管最後提出確實有肯定死刑的終極根據，而且能在正義論觀點上肯定死刑，不過也不能就此打住，其中還需要加上權力的觀點。

另外，想必也有些讀者對於本書至前一章為止的立論不以為然，或者不表認同。在這些讀者心中一定會質疑，明明沒有終極根據卻還是讓死刑成立的權力究竟為何？反過來說，在這種情況下讓死刑成立的，或許都要歸因於權力的作用。

因此，現在我們無可避免地必須面對死刑的權力論，環繞著死刑，思考「什麼樣的權力，產生了什麼樣的作用，又帶來了什麼樣的影響」這個問題。

我個人認為，包括死刑制度的適當與否，作為死刑權力之行使的死刑判決、死刑執行方法的樣態、對殺人罪以外之罪行的死刑問題，甚至戰爭與死刑的關係等內容中，都包藏著乍看之下難以發現的「權力之狡獪」。

通往市民死刑論的路徑

在第三章已經概覽思想、哲學、法學上既有的死刑論，不過這些僅是思辨式的討論，與日本社會中實際進行的死刑存廢討論，仍有一段距離。現代言論場域中所開展的死刑相關討論，更為現實，也更為具體。

比方說，在大眾傳媒上會舉出被害人情感問題、被殺人數問題、罪犯更生（矯正）問題等不同主題。藉此，死刑制度和死刑判斷是否應被正當化，往往成為相當貼近閱聽者的討論。

儘管名義上進行討論時，必須依循第三章中所出現的思想、哲學、法學等觀念式討論的思路，但是這樣的討論難以成為一般大眾容易接受的內容。市民討論死刑時，首先必須先有足以吸引其注意的熟悉主題，再依循以實質的根據、具體的原理來思考，否則實際上很難做出最終的是非判斷。因此，目前的現狀可說是一種必然的現象，也具備充分的理由。為了讓死刑問題的討論能夠擴及更多國民，這甚至可說是一條不可或缺的迂迴之路。

這麼一來，接著我們便需要了解，現代媒體針對死刑論揭舉的各個主題（被害人情感問題等），該如何對應到第三章正義論裡的各項討論（法律原理根據、法律政策根據等）？這些相位是我們務必要確認的。

以下在本書中將釐清兩者的對應關係，並且以上述權力論的觀點來檢視這些主題。

下一章以後將會出現「被害人復仇原理」「罪犯（被告人）的惡性原理」「安全社會原理」等主題，在本書中將這些具體原理稱之為「死刑原理」（意為讓死刑正當化的原理）。另外，在下下一章還會出現死刑「要素」這樣的字眼，特別用於指稱各個死刑判斷的內容或條件（上述「死刑原理」也是死刑制度本身的正當化原理，在此特加區別）。這些「要素」的組合正是死刑的基準。不過，本書的基本立場是，既有的形式化死刑基準在裁判員時代已經無法繼續適用，因此新時代的死刑基準或指針，與其說藉由組合「要素」，更應說是藉由組合上述死刑原理進行的思考。

下一章以後，將舉出媒體經常討論的死刑論一般性主題，把目前支撐日本死刑的背景分析為死刑原理、死刑要素、基準，依循上述「第一—第三權力論的問題類型」，驗證其中是否存在權力的扭曲，並且探討第一至第三問題類型中，何種「權力之狡獪」以何種形式發揮作用。

另外，批判、驗證的方法論上，我並不打算讓正義論上的討論直接加以權力論的批判，而會從權力論觀點來驗證較貼近大眾的死刑具體原理、要素、基準，這是因為考量到此種手法較能接近市民的討論，同時也與死刑的正義論原本就建構得極為思辨而抽象、不容批判有關。

第六章

被害人的復仇情感是否野蠻？

被害者の復讐感情は野蛮か

作為刑罰淵源的應報刑

被害人的復仇權

復仇是野蠻還是偉大？

作為一種復仇替代品的死刑

保護被害人的構圖

支撐死刑的社會共感

忽視被害人情感的死刑

被害人情感被迫讓步的情況

令人深思死刑意義的前額葉白質切除術殺人事件

作為刑罰淵源的應報刑

國家的成立與實力的獨占有著密不可分的關係（這是一種支配型的國家觀，不過與其說是「實力的獨占」，多半是更加明顯的「暴力的獨占」）。馬克思・韋伯定義國家為「正當的暴力獨占體」（《政治作為一種職業》[*Politik als Beruf*]）。

國家權力最重要的本質是賦予違抗者死亡，或者剝奪其自由的強權式權力，而這正是暴力獨占的結果；同時，這也與移轉至和平狀態有關。

在國家成立之前的狀態，套用霍布斯的說法就是「萬人對萬人的戰鬥」，因為有了國家這個絕對的實力主體（暴力主體），這種現象才得以消解。無關理論，必須由一個壓過他者的主體來獨占實力（暴力）才行（利維坦）。私人的實力行使被國家權力「回收」（被禁止後，其實力轉移至國家，被國家吸收），因此將人類社會導向和平的世界。

而其「回收」的手段、方法，就是法律，一切都匯集在法律的理路之下。從這個意義看來，暴力與國家、權力與法律，確實為一體，但是因為有法律理路的中介，勉強得以保有正當性。

在與刑罰之間的關係上，由此看來國家主權權力的成立始於否定被害人復仇的權利，由共同體代為科處刑罰來報復。在法制史上，禁止私人復仇、樹立起同態報復的法律時，視為刑罰制度的成立。私人的實力行使不管再怎麼正當，都會先被禁止，必須由國家權力來吸收其實力行使。站在法律理路來看，不得不這麼做。

到此為止，分析了國家必然需要成為一個「實力（暴力）獨占體」。從這個意義看來，同態報復法與主權權力的行使等值。換個說法，應報刑論（詳見第三章）可以對應到法律權力模式和古典主權權力。

在第三章已經提過，應報刑論還可再分為兩個系統。同態報復法是一種嚴格的均衡之法，具備絕對性的應報原理（罪與罰的同態性），但是漸漸改變為相對性的應報原理（罪與罰的比例關係）。

在絕對式應報刑論中，會依照同態原理要求處以殺人者死刑，不過在相對式應報刑論中就沒有這個必然性。即使把刑罰上限設定為自由刑（或者終身刑），都有可能滿足比例原則。

因此，就算殺人是不可原諒的最重之罪，也沒有把最高刑罰定為死刑的必然性。此外，即使保留死刑，也並非全面性，而必須為限定式的死刑。

現代國家的刑法思想為相對式應報刑論。在這種相對論中，死刑以何種相位成立？另外，「主權」源自十六世紀布丹（Jean Bodin）[40]的《國家六論》（*Les Six livres de la République*），使用時多半會聯想到絕對王政期之後的國家，在這裡根據霍布斯的自然狀態模式理論，亦包含之前的時期，使用「主權權力」這個詞彙來表示根源的國家權力樣態。

被害人的復仇權

儘管藉由禁止私人復仇使得主權權力成立，其中還留有一項通往死刑的明確可能性。

將以私人實力的復仇回收至國家刑罰權中，使法律和刑罰得以成立，這點固然沒有疑問。然而，犯罪原本就是一種實力的行使。尤其是殺人，更是最為嚴重的不當實力行使。儘管如此，國家權力只回收被害人的實力行使，其中的思考脈絡令人質疑。

如果只禁止被害方，將無法抑止「被害人的生命算什麼？」這個根本情感的生成。既然禁止被害方的復仇，就會形成要求國家代而行使的邏輯，至少可以說有這個要求空間。

被害人的復仇權為何被否定？是因為復仇本身不合理？還是因為私人的復仇不合理？

回顧歷史，可以明顯看出問題出在其中一者。原始狀態中冤冤相報的無限亢進和復仇者反被殺害的荒謬，奠定了後者觀點的基礎（由國家代行就不會發生這種荒謬）。

那麼，從法學特有觀點來看又如何呢？

同態報復法當然保障了被害人復仇權的代行（同態報復）。在這當中，依然把復仇觀念本身視為正當。同態報復法讓與殺人現象有關的復仇情感在社會內昇華，但並沒有斷絕這種情感。並不是叫人不要復仇，而是國家來替代個人實行復仇，這便是該法的明顯力量，其中並沒有要求被害方不

40 布丹（Jean Bodin；一五三〇～一五九六）：法國經濟學家、法學家。

復仇、讓一切過去的想法。

之後，同態報復法（絕對式應報刑論）轉為相對式應報刑論。藉此，復仇思想和法律帶來的官方報復距離，逐漸拉大。然而，也如同上述，主因在於同態報復法在原理上並未貫徹同害性。

在刑罰論的變遷中，出現種種近現代的變化，但是從未有過放棄替代被害人復仇的思想。既然採取相對式應報刑論，被害人復仇權的代行自然會受到限制，不過那是罪與罰關係比例化（函數化）的結果，並不代表其中包含抑制思想。

當然，從絕對式應報刑論到相對式應報刑論的轉變，死刑的範圍漸進受到限制，因此也並非不能在死刑限制的延長線上設想廢止死刑的可能。不過，這並不能說是一種必然。

也就是說，相對式應報刑論雖然容許廢死，但也同樣容許「確實有不得不處以死刑之殺人」的想法。至於會成為何者，則因主權權力與刑罰制度的成立當中，可以讀取到多少被害人復仇權代行的意義而異。

復仇情感對人類而言是一種根本性的情感，同時也是容易獲得許多人理解的情感。

復仇是野蠻還是偉大？

根據柏拉圖的轉述，蘇格拉底認為「與其採取不正行為，不如接受不正行為」。

他並進一步使其普遍化，導出許多命題，諸如：「比起接受不正行為，人類更不認同施加不正行為。」「不正直者比正直者更不幸。」「不正者接受刑罰，比不接受刑罰更幸福。」

在這些刑罰思想當中，蘇格拉底和柏拉圖並不認同復仇或報復。對於犯罪行為進行反射性或情感性的報復，並非人類真正該有的樣態（**如野獸般莽撞復仇者**〉**柏拉圖《普羅塔哥拉篇》**［*Protagoras*］），因此不僅排除被害人的私人復仇，從原理上來說也排除了國家代為執行的復仇。

對此，亞里斯多德與蘇格拉底、柏拉圖不同，他明白地承認復仇和報復是一種正義。

亞里斯多德認為：「報復者可以平息怒火。」「因為復仇更有人性。」「因為自己受害，以同樣方法還以顏色的人，（藉由復仇的過程）不太可能再有行惡事的念頭。」「人總期待能以惡制惡。如果不這麼做，便會被認為是奴隸的態度。」「以成比例的方式應報，可維持國家。」（《尼各馬可倫理學》〔*The Nicomachean Ethics*〕）

亞里斯多德主張，若以溫和的德行來控制怒氣，也要看時間和場合。假如受到不當的侮辱而不發怒，已經不叫溫和，而是膽小。正當的怒氣也是一種德行。這種時候因為怒氣而想要復仇，完全沒有任何該受責難之處。不僅如此，甚至稱得上是偉大的態度。

作為一種復仇替代品的死刑

根本上要看採取何種哲學立場（這是和復仇觀念相關的「正義論」領域），假如以權力論來看，又會如何？

承認「作為替代被害人行使復仇權的死刑」這個立場，亦即承認作為主權權力之行使的死刑。這種情況下，國家作用的性質如同前述，以權力分析的觀點來說，牽涉到刑罰制度的源頭。國家實力的獨占，便是要求從其他主體回收實力的情況。同時，從被害人的角度來看，這是復仇權的剝奪，其中產生一種權利的剝奪。也就是說，這只是一種權利剝奪的補償措施。

在此，我們不得不承認，在這當中看不見權力的扭曲與狡猾。因為這並不是什麼特殊的想法。事實上，國家從被害人手中拿走復仇權後，還認為國家可以不替代被害人行使復仇權，甚至完全不允許復仇權由國家代為行使，才是一種特殊的意識型態。

從權力論的角度看來，不如說死刑肯定論的想法較為中立。

由上述可知，「死刑＝被害人的復仇權代行」這個立場，得以在無關意識型態下成立。透過權力分析的角度來看，也可說是一條確實的道路。這與討論正義論時前述的「蘇格拉底、柏拉圖 vs. 亞里斯多德」何者正確無關，而是要說亞里斯多德的正義論立場，也禁得起權力論的檢視。

當然，死刑不能光靠被害人情感成立。因為若是如此，就不需要有審判的量刑判斷。同時，在刑罰制度中也無法直接承認赤裸的復仇情感。這種情感必須昇華為共同體的「官方報復」。

而當尋求死刑的被害人情感獲得市民社會共感的支持時，復仇情感就會昇華為官方報復的死刑。尤其是像裁判員制度一般，經由市民代表的裁量所支持，復仇情感將會在社會中獲得承認、占有官方位置。再也沒有比此更高的「昇華」。

這可以說是一種社會合意。

也就是說，復仇原理可以成為死刑原理。正確來說，這是已經昇華為共同體中官方報復原理的被害人復仇情感之意念，並非復仇思想本身，同時復仇權代行被認可的範圍也大幅縮小，並無適當稱呼，因此以下僅稱「復仇原理」。

保護被害人的構圖

附帶一提，以上論述並非認為反對論無法成立。

在正義論中，站在前述蘇格拉底、柏拉圖流派的思想上，認為復仇情感除了昇華，也必須斬斷，為了復仇的代行而發動死刑，也可以認為是一種殘酷的主權權力行使。要站在這種正義論上進行價值判斷，提出非議也並非不可能。

然而，從權力論的角度來看卻會產生一個疑問：被害人的復仇權遭到扼殺的壓抑性該如何處理？

說得更明白些，復仇情感（不僅昇華）應該斬斷的想法，甚至可說是在另一種意義下帶著權力性。乍看之下，在企圖保全被告人生命這一點上，似乎與權力性無緣，其實在割捨被害人的復仇權時，就已經包含並非如此的一面。

死刑無疑是一種嚴酷實力的行使，但只要死刑和被害人的根源性尊嚴重疊，那麼，只因這是一種權力作用而批判發動該權力的行為，並沒有太大意義。更應該做的是，站在權力論的角度，思考為何國家可以單方面禁止被害人的復仇權，因為這無疑是對個人的壓抑。我們看不到任何根據支持國家權力可以不採取任何代行措施，強制禁止被害方進行復仇。

不承認死刑制度的想法，打從一開始就不承認所有復仇權的代行，因此站在完全不顧這些狀況的前提上。我不認為與公權力的關係上，被害人的復仇權可以被輕忽到這個地步。所以從權力論的構圖來看，否定死刑的立論——我們往往會直覺反對——反而包藏著問題，有其困難。

此外，即使對復仇抱持否定態度的蘇格拉底、柏拉圖流派思想，也絕對無法以與殺人的暴力衝動相等的意義，來說復仇觀念「野蠻」。

到頭來，承認作為一種復仇權代行的死刑，可連結到國民的權利觀念與犯罪被害人的保護，其中存在著必然性。

如同光市母女殺害事件[41]中，被害方「如果不判死刑，被害人（遺屬）將無法重新站起來」的呼籲獲得社會廣泛迴響，產生同調觀念時，作為一種主權權力的行使，死刑將得以成立。

支撐死刑的社會共感

那麼，接下來在什麼樣的狀況下，要向國家要求執行代理被害人情感的死刑呢？到了這個層次，並沒有明確的指針。

只能依據每個人不同的接收方式、情感、主觀。不僅被害人情感會因人而異，第三者（構成社會的人）的接收方式也不可能完全一樣。

比方說，在光市母女殺害事件中，妻兒遭到入侵者殘忍殺害，假如兇手在殺害被害的妻子後即終止犯行，也就是被告並沒有進一步殺害嬰兒便離開，那會如何呢？依然會同意執行作為被害人情感代理的死刑，承認死的權力的行使嗎？

相反的，假如犯人不是十八歲的少年，而是成年人，那又如何？現實中對這個案子的死刑結論感到抗拒的人，在這個假設下或許會產生不同的想法。再進一步說，假如犯人是成年人，又是有過強姦等同類前科的累犯時，又如何呢？

到頭來，作為主權權力發動的死刑，其實就是定位、成立於如此不安定又模糊的市民情感之上。

反過來說，這正表示包括裁判員審判在內，市民之間的討論有多麼重要。

前面稍微提過，當求處死刑的被害人情感受到市民社會的共鳴所支持，

41 光市母女殺害事件：一九九九年山口縣光市一個十八歲少年（日本國民滿二十歲才成年）闖入民宅殺害一對母女，母親死後遭姦屍。被告人一審與二審被判無期徒刑，但因未成年，服刑良好可能出獄；被害人丈夫對此非常憤怒，持續上訴，至三審宣判死刑定讞。

復仇情感在社會中獲得承認，占有一席官方位置時，死刑將昇華為官方報復，也可以說，「共苦」觀念就是死刑的分水嶺。

如同在第三章中所討論，如果將人類「共存在」的樣態（死刑制度為其可能性之原理）列為死刑制度的終極根據之一，在這裡也可以逆向檢視這個想法。人類「共存在」的樣態，以對他者的受難採取「共苦」的方式展現。「共苦」是將他者的痛苦內化，藉此，人類社會得以與單純的利益集團或者出於畜群本能的集合，做出明確區別。可以說是一種在最深處，令人類社會得以成立的本質規定。最後我們可以說，「共苦」正是死刑成立的核心。

忽視被害人情感的死刑

相反的，違背被害人情感的死刑又如何呢？

被害方（遺屬）明明不希望判處死刑，卻依然宣告死刑，這不可避免地必須接受權力論觀點的批判。

檢察官求處死刑的重大案件，而被害方並不希望判處死刑的案例，會是什麼樣的狀況呢？可能例如弒親、全家自殺、親戚之間為了保險金而殺人等類型。在這些事件中的被害人遺屬，也同時是被告人的祖父母或者兄弟等近親。因此，被害人情感期待「不要判死刑」、「不希望求處死刑」，反而更為普遍。

然而，日本的死刑權力對於這類案例也會毫不顧慮地判處死刑：

- **弒親案**（最高法院一九九二年一月三十一日判決）
- **全家自殺案**（仙台高等法院一九九二年六月四日判決）
- **親戚間保險金殺人案**（秋田地方法院二〇〇四年九月二十二日判決、長崎地方法院二〇〇三年一月三十一日判決）

這種死刑權力的行使，甚至忽視犯罪被害人（遺屬）的意志，只能說是一種權力的空轉。違反犯罪被害人（遺屬）的心情而奪取人命，究竟有什麼意義？這種情況下的「人命」，除了是被告人的生命之外，同時對遺屬來說也是另一個家人的生命。

在這當中，國家權力是在「暴力的獨占體」之上與市民社會對立的存在，可以說是一個超越了利維坦的超級怪物。

從權力論的角度來看，（從死刑肯定論的立場也一樣）這是一個必須徹底批判的現象。

當然，弒親、親戚間保險金殺人，不能免於遭到強烈的道德責難。不過也不能因此將單純的道德論和法律、思想、哲學、社會學等見解混為一談。假如在此混為一談、輕易肯定死刑，這種人也難以免於「被死刑權力奴役」的汙名。

被害人情感被迫讓步的情況

無論被害人情感有多麼殷切，有時也會面臨被迫讓步的情況。

例如，當犯罪結果悲慘至極，即使被害人情感極為渴望求處死刑，市民或市民社會卻無法同意、同調的情形。這種情況，通常是犯罪背景牽涉到社會結構的扭曲，或者階級間的摩擦、經濟格差等廣義的社會問題。

在這種情況下，宏觀看來可以說是因為社會的扭曲導致該犯罪現象的發生。面對由此產生的現象，是否該以死刑來終結問題，則是社會整體必須面對的問題。

比方說，在日本審判史上有一樁名為「前額葉白質切除術殺人事件」的著名案件。一名精神科患者遷怒於過去的主治醫師，在堂堂白晝下持利器到醫師家，殺害醫師一家（妻子與母親）。

這個事件在社會上引發極大迴響，檢察官當然希望求處死刑，然而法院卻沒有認可，因此演變為從昭和後期[42]一直到一九九八年左右，訴訟持續將近二十年的大事件（東京地方法院八王子支部一九九三年七月七日判決、東京高等法院一九九五年九月十一日判決、最高法院一九九六年二月十六日判決，結論皆為無期徒刑），這樁命案也牽涉到當時精神醫學界的混亂。

主治醫師曾對犯人施以前額葉白質切除術這種精神外科手術，犯人對此

42 昭和年代自昭和元年（一九二六年）至昭和六十四年（一九八九年）。

不滿，因而動手殺人。前額葉白質切除術是切除患者部分大腦的手術，以現在的眼光來看或許覺得詭異可疑，但是對於有爆發性粗暴傾向的精神病患者，確實具有戲劇性的鎮定效果，因此有一段時期被視為劃時代的新療法，席捲了精神醫學界。創始者安東尼奧・埃加斯・莫尼斯（António Egas Moniz）[43]也因此功績榮獲諾貝爾醫學、生理學獎。

發明前額葉白質切除術的莫尼斯是葡萄牙神經學、精神醫學權威，他精彩的生平事蹟令人瞠目，除了是醫學家，也是活躍於國際舞臺的外交官、政治家，不僅留名於醫學史，更在現代政治史中占一要角。

莫尼斯從學生時代即投身政治運動，關注的範圍很早就超越單純的醫學領域，出類拔萃的優秀讓他年紀輕輕便獲任命為科英布拉大學醫學部教授，但他並不以此滿足，後來跨足政界，在四十多歲時擔任外交官與外交部部長，是歐洲社交界深受歡迎且赫赫有名的名士，還曾與知名電影女演員傳出緋聞，留下許多顯赫功績與光鮮亮麗的生活經歷。在上述活動之餘，他的研究還榮獲諾貝爾獎。

而莫尼斯所創始的前額葉白質切除術，或許可說帶著些許炫目榮光的殘影。之後，前額葉白質切除術這種醫療行為本身的有效性受到質疑，再加上副作用嚴重（弱智、喪失精神衝動、形同廢人等），後來基於人道觀點遭到禁止。

令人深思死刑意義的前額葉白質切除術殺人事件

在這種精神醫學的國際潮流轉變中，日本發生前額葉白質切除術殺人事件。

事件名稱衝擊性十足，犯下前額葉白質切除術殺人的被告，說得好聽，是個具備超乎尋常堅定意志的人，說白了就是性情激烈的人。

被告出於家庭經濟因素只上到中學，不過靠著自學學習英文，成為口譯，智力極為優秀。另外少年時，也曾在拳擊比賽的縣大賽上優勝，體力體能相當優異。

43 安東尼奧・埃加斯・莫尼斯（António Egas Moniz；一八七四～一九五五）。

被告除了口譯工作之外，進一步立下志願成為作家。由於在美國職業摔角界有門路，他試著寫體育報導到專業雜誌去毛遂自薦，後來文章開始刊載於一般雜誌和報紙上，作家身分受到肯定，稱得上是現在運動寫手的先驅。當時，在這個領域與被告同受注目的還有梶原一騎（高森朝雄），之後梶原一騎創造出《巨人之星》《明日的丈》等故事，獲得少年們狂熱的歡迎。相對照之下，被告的人生則跌入谷底。

他因為細故和親戚（妹妹夫婦）起了爭端，被告向來不懂妥協的性格讓事件發展到上警局。後來他遭到羈留，但是在警署不斷吵鬧，主張自己不該受到拘留，後來檢察官判斷他需要強制住院。強制住院的精神病院診斷被告為具有明顯爆發傾向的精神病患，執行前額葉白質切除術手術（當中之一種腦扣帶回切除術）。

前額葉白質切除術是切開頭蓋骨的開頭外科手術，因此需要取得患者的同意。被告在取得親戚同意下進行手術。

接受前額葉白質切除術後，被告無法像以往一樣撰寫文章，出現經濟危機，生活漸漸困苦。他認為一切都要歸咎於讓自己動了前額葉白質切除術手術的醫師，長年積怨，最後終於決定殺害醫師。他查出醫師位於東京都小平市的住處，前往該住處，但並沒有殺害醫師，反而以利刃慘殺醫師的妻子與母親，並且搶奪財物企圖逃亡。

當天，該醫師因為參加同事的送別會，深夜才回家。回家後，看到妻子和母親的屍骸倒臥在已成血海的自家客廳。

對被害人醫師來說，這無疑是一場噩夢，這起犯行所造成的傷害只能說是悲劇般深刻又悲慘。

儘管後來前額葉白質切除術遭到全面禁止，不過當時仍是一種正當的醫療手段。例如日本醫科大學等，許多大學教授和開業醫師都曾經對多數患者執行這項手術。因此，動了前額葉白質切除術手術的醫師並沒有任何過失，這樣的犯行只能說是一種遷怒行為。

然而儘管如此，還是有不得不避免死刑的一面。

作為一種主權權力行使的死刑，替代被害人的復仇權而執行。首先，被害人情感殷切，傷痛難以平息；其次，大家認為「此事切身相關」，在市民和市民社會中起了同調觀念時，死刑方可成立。不過犯罪背景潛伏著社會問題時，第二點便成為一個問題。市民和市民社會該不該與被害人情感同調，不得不令人存疑。儘管站在被害人立場，確實難以平息傷痛，但是對於抱持著扭曲結構的社會而言，則又另當別論。這時，如果單純與希望求處死刑的被害人情感同調，整個社會將會出現更大的矛盾。

許多犯罪現象都帶有脫離正常社會結構、社會功能的意義；反之，因為社會功能不全而產生的犯罪也確實存在。以後者來說，假如以死刑來終結，只會讓社會的功能不全更加擴大而已。站在社會性觀點來看，不得不抑止死刑，其結果只能迫使被害人的復仇權之代行讓步。

上述的前額葉白質切除術是當時轟動全世界的一大事件，此事還有後話。前額葉白質切除術的創始人安東尼奧·埃加斯·莫尼斯也遭到患者攻擊，因而半身不遂，晚年得靠輪椅行動。

第七章

人數基準是否有意義？

人数基準に意味はあるか

「殺害多人判處死刑」的根據

僵化的人數基準

連續殺人與單一殺人的比較

【愛知縣兩名交往女性命案】

【沖繩女中學生命案】

縱火、爆炸案件——同時多數殺人

【館山住宅縱火四人燒殺事件】

【熊谷養雞場宿舍保險金目的縱火殺人事件】

人數基準與被害人情感的分裂

「罪與罰比例原則」的意義

隱藏的統計思考

死刑的點數計算

被害人數的意義何在？

「殺害多人判處死刑」的根據

「人數基準」是日本判斷死刑的一大框架。

所謂人數基準，是指被害人（被殺者＝被殺害者）的人數（不計傷害或者傷害致死的被害者人數），命案中殺害一人並不會判處死刑，三人以上則判處死刑，有此固定的範圍。換句話說，只有殺死兩個人時才屬於實質上需要判斷的範圍。

也就是說，在採行裁判員制度之前的日本司法，死刑基準中最重視的是被害人的人數這個量的要素，在殺害兩人的中間領域，劃下死刑與無期徒刑的界線（殺害兩人時視情狀決定）。而在裁判員制度開始經過一段期間後的現在，這種情形依然沒有改變。

這種基準看似單純的數字，其實具備了一定的根據。那麼，這是一種什麼樣的根據呢？

如同前面所述，現代刑罰論為一種相對式應報刑論。相對式應報刑論的內涵是源自亞里斯多德「罪與罰的比例原則」。根據這種比例原則，被害人數的多寡是牽涉到正義（「分配型正義」）內容的問題，為左右死刑的要素之一。被害人的人數問題從正義論觀點來看，定位於作為法律原理根據的應報刑論；從權力論觀點看來，則與主權權力的面向有關。

本來就很難想像被害人的人數可以被忽視。舉例來說，試想自己的家人都被殺害、不留活口的情況（「同一家族內多位被害人」），這時候被害人數具有重大意義，更是不言自明的道理。這層意義上的被害人數，勢必對被害人情感具有決定性的影響。這裡的人數意義並非代表「如果只有一個家人被殺還可以原諒」，而是「全家都不留活口被殺害不可原諒」。

同時，這想必也會大大影響市民或市民社會能否與被害人情感同調。

再者，即使不是同一家族被殺害這種典型的例子，假如累積了多位被害人情感，可以說國家就更被期待替代多位被害人行使復仇權。比方說連續殺人或者同時多數殺人，如果親人被殺害的被害人都希望能求處死刑，不可否認確實會傾向判處死刑。

僵化的人數基準

然而不可否認，死刑的人數基準確實也有跟罪與罰相關的形式主義面向。這種主權權力的行使由於其形式性使然，必定會遇到根本性的困難。因為關於「殺害幾個人才會判死刑」這個問題，並沒有一個必然的人數。

如同前述，現在的日本將界線劃分在殺害兩人這個中間領域上。不過為什麼不是「殺害三人」？或者「殺害一人」？沒有人能真正回答這個問題，因為事實上並沒有劃分界線的本質性理由。

前面說過，在職業法官時代，死刑的界線劃在殺害兩人這個中間領域。具體來說這代表什麼樣的狀況？以下嘗試以數字來顯示裁判員制度開始之前十年的狀況。情況大致如下：

「殺害兩人」的情況，死刑率約七三％（無期徒刑率約二七％）。再細分有無牽涉謀財：①有牽涉謀財，死刑率約八一％；②無牽涉謀財，死刑率約五二％※。

也就是說，列出有無牽涉謀財、有無計畫、有無前科、年齡、生長環境等與犯行、犯人本身相關的各種狀況（情狀），綜合其輕重，將死刑的界線劃在「殺害兩人」事件群中、正中央偏下方處。

相對於此，「殺害三人以上」的案例死刑率約九四％（無期徒刑率約六％）。

同樣在這十年間「殺害一人」的案例，被害人一名的殺人既遂案件中的死刑判決率約〇．二％（在第三章已經稍微提過）。

看這整體數字可以明顯發現，除了「殺害兩人」之外，幾乎沒有進行實質的判斷；同時也可以看出，殺害一人和殺害兩人之間有著堪稱絕對的差異。這種僵化的人數基準背後，有不少可以稱為病理的現象。

※自一九九九年至二〇〇八年這十年期間，求處死刑的案件最後確定為死刑或無期徒刑的分別；不過以成年事件為對象。另外，因責任能力上有法律問題而判處無期徒刑的事件除外。再者，在共犯事例中因處於從犯立場而未判死刑、判處無期徒刑者也除外。

連續殺人與單一殺人的比較

僵化的人數基準，產生了什麼樣的病理呢？

以下試舉愛知縣殺害兩名交往女性命案與沖繩女中學生命案來說明，比較連續殺人與單一殺人的情形。

【愛知縣兩名交往女性命案】

這個事件的被告人A服務的公司倒閉，突然失業。之後他陸續在超市工作、到便利商店打工維繫生活，後來因為一份壽司宅配的打工工作，獲得進入迴轉壽司公司工作的機會。A通過面試，投身於茁壯成長的外食產業中。

因為公司倒閉一度陷入黑暗的人生終於迎來光明，但是這時，A卻面臨另一個問題。A在失業中獲得一名女性的金錢援助，現在必須歸還當初的借款，不過A並無餘力還債。當A告知該名女性自己無法還錢時，該女性將正在喝的啤酒罐丟向他，讓他惱羞成怒勒死該女性，並將屍體分屍棄置於草叢中。

之後，A以驚人的速度出人頭地。短短三個月便爬到新公司開發部部長的職位。又過了一年，他跳槽到另一間發展烤肉連鎖店的公司，同樣獲得開發部部長之職。精通業界情事的A開始向批發業者收取回扣，後來甚至設立公司，介入交易過程獲取暴利，行事大膽。

然而，這時他又有了女性問題。A當時與一名離婚女性交往，由於A出手闊綽、精明幹練，該女性開始催促A結婚。但是A壓根沒有想與離婚女性結婚的念頭。某一天，他和其他女性在一起時，該離婚女性打手機約他見面。他只好到對方公寓企圖安撫，不過該女性完全不聽，還大鬧：「如果不跟我結婚，我就到公司去把你一切非法手段都抖出來！」於是A再次親手勒死女性，分屍棄屍。

這個案件，A從一審到最高法院都被判處死刑（**岐阜地方法院二〇〇七年二月二十三日判決、名古屋高等法院二〇〇八年九月十二日判決、最高法院二〇一一年十一月二十九日判決**）。

【沖繩女中學生命案】

沖繩名護市一名女中學生在放學途中，被兩名陌生男子拉到車中強暴、絞殺，然後丟到橋墩下。

兩名犯人假意問路叫住被害人，趁隙合力將其拉進車中，搶走被害人的現金（二百日圓），並且數度強姦。最後多次向哭著懇求饒命的被害人臉部揮石頭，砸爛臉部後再勒死被害人。

女中學生的臉部被石頭砸爛後遭到殺害，其遺屬的被害人情感當然相當激烈，儘管如此，這兩人依然被判處無期徒刑**（那霸地方法院一九九八年三月十七日判決、福岡高等法院那霸支部一九九九年九月三十日判決）**。

在這種僵化的人數基準下，後者理所當然得以免於死刑；相反的，前者則被判處死刑。職業法官對此一點都不覺得訝異。

附帶一提，以上的比較論目的，並非認為沖繩女中學生命案該判處死刑、愛知縣兩名交往女性命案該判處無期徒刑；也無意主張沖繩女中學生命案比愛知縣兩名交往女性命案更加惡質。其目的在於強調將不同事件放在同一平面思考之無意義，與套用人數基準這種一致的共通基準之弊害。

縱火、爆炸案件——同時多數殺人

一般而言，有多位被害人的殺人事件可分為連續殺人和同時多數殺人。同時多數殺人是指一次犯行出現多數（複數）死者的情況，多出現於縱火、爆炸事件等。

【館山住宅縱火四人燒殺事件】

年末深夜，千葉縣館山市住宅區一棟獨棟房屋遭到縱火，結果導致七棟房屋全部燒毀，出現四位死者。一個失業的中年男性用打火機點燃報紙後離開，造成住宅火災。這個案子發生在人跡稀少的深夜時段，又於緊鄰木造住宅的舊報紙堆放處點火，因此火勢迅速蔓延，演變成嚴重慘況。

犯人表示自己並無殺意，但是在審判中並未採認此說法。法官認定犯人對不特定多數具備殺人的未必故意※，因此做出死刑判決（千葉地方法院二〇〇五年二月二十二日判決、東京高等法院二〇〇六年九月二十八日判決）。

※未必故意：雖然沒有「一定要置對方於死地」的意思，但具備「對方死了也無所謂」的心理狀態。

【熊谷養雞場宿舍保險金目的縱火殺人事件】

一個僱用智能障礙者的熊谷養雞場經營者，替一對智能障礙的員工夫妻購買高額保險後，為了拿到保險金，對該夫婦住宿的員工宿舍（簡易房舍）縱火。汽油一直潑到宿舍內，妻子來不及逃生被燒死，丈夫驚險逃出宿舍獲救，但是身受重傷。

養雞場經營者準備塑膠桶裝汽油，命令現場負責人縱火。

接到養雞場經營者指令縱火的現場負責人是犯罪服刑後獲得假釋，終於重回社會的出獄受刑人。經營者讓該出獄受刑人擔任現場負責人，指揮智能障礙夫妻工作，經營養雞場。

接獲命令的出獄受刑人雖然不願意執行縱火殺人，但是經營者用自己僱用的恩情來說服，還約好保險金一起分紅，最後他答應執行計畫。實行後，經營者只給這個共犯事先約定金額的一部分，並要他嚴密監視受重傷但僥倖存活的丈夫，強迫其進行半奴隸的嚴酷勞動。

這個事件後來確定判處無期徒刑**（埼玉地方法院二〇〇三年五月二十二日判決、東京高等法院二〇〇五年五月二十六日判決）**。

造成四人死亡和一人死亡，大家或許會覺得確實需要設置一個區分生死的重大差異。

因此這種情況下的比較不見得是實質性的均衡論。

不過儘管如此，假如只因為有一個被害人偶然逃生，而沒有被判處死刑，那顯然死刑權力的發動會受到偶然所左右。也就是說，前者（館山事件）之所以判處死刑，完全是基於偶然性，與後者（熊谷事件）相比之下便一目瞭然。這些與當事人行為無關的偶然，決定了死刑。

由此看來，不得不說形式性、機械性地套用人數基準，確實存在弊害。

在這裡同樣容我強調，我並不必然反對館山住宅縱火四人燒殺事件的死刑結論，同時，熊谷養雞場宿舍保險金目的縱火殺人事件也不見得比館山住宅縱火四人燒殺事件更加惡質。我的目的只在於點出，儘管是同樣縱火殺人案，也不一定能以同一平面的人數基準來思考。

人數基準與被害人情感的分裂

此外，人數基準也隱藏著不同於私人復仇權觀點的刑罰權行使面向。比方說連續殺人和同時多數殺人，複數的被害人情感不見得會相互累積。不同被害人對於判刑的情感也可能各自不同。

親人被陌生人所殺，卻「不希望對方判處死刑」，當然是較少數的例子，但確實有人希望犯人能「活著贖罪」。比方說愛知京都連續保險金殺人事件中，三名被害人中就有兩人（被害人遺屬）希望能從死刑減刑。

在這個事件中，經營運輸業的男人和年長的前任員工共謀，為了獲取保險金，陸續殺害顧客和其他員工；為了避免高利貸業者要求還錢，還殺了有幫派關係的高利貸業者。這個事件的主犯確定判處死刑，但是被害人中除了最後的地下錢莊業者遺屬，其他被害人情感都格外寬大。兩位保險金殺人的被害人遺屬聯名向看守所所長提出犯人減刑請願書，其中一名遺屬甚至親自向法務大臣要求中止死刑。然而當局無視於這些請求，依然執行死刑。

被害人的人數愈多，愈有可能出現這種現象。同樣行使死刑權力，這個情況和光市母女殺害事件等國家權力的樣態又不太一樣。

也就是說，從人數基準上我們可以看到更強勢的國家觀點，而不顧事件的被害人情感，換句話說就是「若被害人只有一人，那國家可予以赦免；若為兩人則另當別論；若為三人則國家無法赦免」。

「罪與罰比例原則」的意義

亞里斯多德在正義論中提出「分配型正義」這種正義型態，在刑罰論中提出「罪與罰比例原則」，開創所謂的相對式應報刑論。

而光市母女殺害事件中，被害人（遺屬）主張：「希望伸張司法的正義。」「留下來的被害人該怎麼活下去？」「假如死刑的正義無法被伸張，被害人遺屬將很難再站起來。」在這裡，這些被害人情感問題的前提，是以質的觀點來看待上述「罪與罰比例原則」；這裡的被害，也就是指深達人性根柢和靈魂依據的被害。

這是涉及正義感、倫理觀，以及「有多麼踐踏人性尊嚴的殺人」的價值問題。

源自亞里斯多德的「分配型正義」「罪與罰的比例原則」，其實並非如同字面上根據數學的意義來依照比例分配。分配型正義的觀念是指與「公正」相關的價值性比例判斷。

這與單純的量化不同。不如說，試圖把被害人的生命量化是絕對無法正當化的行為。犯罪被害人的問題是牽涉到個人尊嚴和人格尊重的事情，也與人類社會之所以成立的「共苦」本質密切相關，是高度價值性、倫理性的問題。因此，將人數基準絕對化並形式性地套用，從亞里斯多德分配型正義的觀念來看，在本質上也有微妙偏差。

如同前述，考量被害人數本身牽涉到分配型正義內容的問題，確實是左右死刑的要素之一。然而，這並不表示應建立起諸如人數基準般絕對化、形式化、量化的標準。現行實務的人數基準中，存在著不能輕忽的偏差。

換個說法，這已經超越原本主權權力該有的行使範圍。

那麼，這種「偏重數量」的思維又代表著什麼意義呢？

隱藏的統計思考

隨著近代化的腳步，主權權力也從封建的權力轉移到國民國家，如同前述，傅柯將這種轉變視為從「死的權力」到「生命權力」的改變。

這裡所謂的「生命權力」，是指顧慮國民生命的權力樣態，但這只是出於從數字看待國民、將總體人口視為國力掌握，企圖保全、增強國民人口的權力。傅柯認為，「死的權力」，也就是逆我者亡的封建式權力，只是在這層意義上改頭換面為近代國民國家的「生命權力」而已。因此，「生命權力」也可能再度反轉，化身為與主權權力不同意義的死的權力。

根據這種分析，墨守死刑的人數基準表示單純只用數量來掌握人類生命，在這個意義上來看，或許也可說是「生命權力」的反轉。

人數基準只從人數上看待被害人、量化犯罪被害，其結果的死刑也隨之被量化。

若要說至今為止絕對化的人數基準究竟目的何在，其實就是為了控制死刑件數。當死刑的人數基準線比現在更低時，比方說第二次世界大戰戰後，以殺害一人之中間領域為判處死刑與否的界線，一年的死刑件數（第一審的死刑判決數）攀升到三位數；而現在以殺害兩人之中間領域為界線的人數基準，則多在個位數到十多件左右來回。假如將界線拉到殺害三人，那麼大概一年頂多只有一例死刑吧。

簡而言之，這是一種企圖藉由量化犯罪被害的方式，全面且統計性地將包括死刑本身所剝奪的生命在內，共同量化的制度。

因此，截至目前為止已經自我目的化的人數基準，與只從數字來看國民生命的「生命權力」之權力作用，確實有相似相通之處。

納粹的奧斯威辛集中營屠殺，在倫理的意義上，連人類的死都只視為一個統計數字（狄奧多．阿多諾《啓蒙辯證法》[*Dialektik der Aufklarung: Philosophische Fragmente*]），追根究柢也是相同的概念。

死刑的點數計算

近現代的權力除了是「生命權力」，同時也有作為規訓權力的一面，這與「生命權力」屬於不同權力論的問題類型。

在規訓權力的作用下，法官的意識受到改變，結果導致司法權力的行使出現變形，這一點前文已經解釋過（詳見第五章），而這對人數基準也帶來影響。

日本的死刑判斷以人數基準為大框架，在極其形式化的基準下進行。而處於界線上的事件（也就是殺害兩人的命案）會依據是否牽涉謀財、有無計畫、有無前科，以及被告人年齡等各項次要性的死刑「要素」，將這些加加減減（例如「年紀輕較為有利」等），最後綜合評估做出決定。為什麼對這種以有如計算分數的方式來左右人命的非人性官僚主義，從來沒有人提出任何疑問呢？這是因為進行死刑判斷的法官已經被自動規律化了。

傅柯認為規訓權力的作用之特徵，包括無根據性、無內容性、自我目的化的細分性等（例如工廠的整齊作業、學校的校規、軍隊的行進、監獄嚴密的作息等，就是其中的典型）。

這當中，再加上前述「生命權力」的權力作用，也可以看見規訓權力的影響。也就是說，人數基準的絕對化與形式化的套用，在雙重的意義上，與扭曲的權力作用有關。

（脫離被害人情感等）僅僅重視被害人數，勢必擺脫不掉龐大的疑問。

被害人數的意義何在？

那麼，究竟被害人數在死刑判斷上代表什麼意義呢？

首先，因為被害人數只有一人就否定死刑，是毫無道理的。

如同前述，在開始裁判員制度前的十年期間，因為「殺害一人」而判處死刑的比例，僅占整體殺人既遂案件的約〇．二％，在職業法官時代的審判實務上，立下當被害人只有一人時應迴避死刑的鐵則。然而，這樣的規則並沒有任何根據。不可能有「只殺了一人所以不足以判死刑」的根據。

這種狀況下，真正的問題並非被害人數。問題不在人數，而在於被害人情感和被害人的保護；在於即使只有一個被害人受害，市民和市民社會能否同調贊同死刑。因此在這個情況下，既然把所有殺人既遂事例都判處死刑不太可行，市民社會的同調與否將會牽涉到「這樁命案有多麼踐踏人性尊嚴」這種與「程度」相關的價值性觀點。

再來，如果是多位被害人又如何呢？

如同光市母女殺害事件一樣，「在同一家族內有多位被害人」時，比起一人被殺，自己的多位家人被殺時，被害人遺屬的被害人情感當然會較強。這也會大大影響市民社會的同調觀念。因此，會左右死刑權力的行使也是理所當然，並且正當的。而在連續殺人或者同時多數殺人中，親人遭到殺害的多數被害人情感一旦累積，基於類似的理由，也無可否認勢必會傾向死刑。以上就是亞里斯多德所謂「分配型正義」和「比例」在這種情況下的具體意義。

那麼，假如多數被害人中有被害人遺屬並不希望判處死刑呢？比方說，被害人有兩人，其中一位被害人遺屬不希望求處死刑，這種狀況會如何？這時候已經沒有因為人數而向死刑大幅傾斜的理由。此時的核心，應該放在保護希望求處死刑的另一位被害人遺屬上，以及市民和市民社會能否與該被害人情感同調。換言之，被害人數整體來說近似一個偽問題。

那麼我們可以更進一步主張，被害人數並非真正的問題所在嗎？如果說問題是被害人情感和市民社會能否與其同調，那我們可能無法如此斷言，因為被害人數與「安全社會」這個理念有關。

人數問題有可能脫離被害人問題，基於安全社會的理念，（人數愈多愈可能）往死刑傾斜。假如認同「社會安全」是一種死刑原理，那麼被害人數多寡勢必會影響到死刑。由此觀點來看，被害人只有一人與被害人有多數的情況（就算其中大部分被害人不要求死刑），不可等同視之。

不過，這個問題已經脫離前面討論的被害人情感和「復仇權的代行」，我們容後再論（詳見第九章）。

第八章

惡性能否成為根據？

悪性は根拠になるか

犯罪者的惡性與生命刑的關係
死刑法理「難以去除的犯罪性向」
重罪再犯與生命的抹殺
往內在傾向傾斜的死刑
否定生命價值的司法
權力式司法的矛頭——犯人的家人處境
法官脫軌的攻擊性
被害人的復仇原理與加害者的惡性原理
「消滅罪惡」的思想病理
惡性原理帶來的死刑矛盾

犯罪者的惡性與生命刑的關係

一般認為，死刑與犯罪者的惡性為表裡一體、密不可分。不只是死刑，刑罰制度整體與犯罪者的惡性為表裡一體，這一點毋庸置疑。因此大家向來單純且堅定地相信，由此衍生出的死刑制度也與犯罪者的惡性表裡一體。

然而我不禁要問，這會不會是一種錯覺、一種謬誤邏輯？在我看來，死刑制度與惡性並沒有關係。不，應該說，死刑制度不該與惡性扯上關係。

讓我再重複一次，以一般論而言，刑罰制度和犯罪者的惡性為表裡一體的關係。但是唯有生命刑不同。把生命刑適用於犯罪者的惡性，將無法與合法抹殺生命進行區別。換句話說，這等於踏入人性不允許的領域，也包含「可否因為特定人『不值得活著』而加以抹殺？」這個問題。這裡所謂「特定人」，過去曾經實際套用在殘障者或猶太人身上，不過即使替換為犯罪者，問題的本質也一點都沒有改變。我認為，一旦允許對犯罪者進行生命的合法抹殺，無疑是觸犯社會的禁忌。

當然，站在行使國家權力者的角度來說剛好相反，可根據某些意圖來左右人命，能連結到最大的權力感受（虛擬的亢奮感）。因此國家機關（說得更具體，就是指職業法官）格外偏好此道。

是否高舉裁判和刑罰之名，實則暗中進行生命的合法抹殺？權力論必然會提出這樣的質疑。

本書認為，「優生學」「優生思想」等詞語最能象徵基於這種觀點的質疑。

優生學是將十九世紀末的生物學概念應用在社會科學上，為流行一時的社會達爾文主義流派之一，與近代啟蒙思想、人類平等等理念相反，站在自然科學、生物學觀點主張「適者生存」。一般認為，這是一門提升遺傳素質、以人為操作生命為目標的學問，但正如同該學門以往有著「低價值者」的觀念、認同需要「改良人種」一般，它其實是種特殊的想法※。

低價值者的觀念與企圖改良人種的想法，在歷史上曾經替納粹屠殺殘障者（T－4行動等）開啟一條道路。納粹德國時代的優生學家認為，「抹殺不值得活著的生命」這個想法，應予以解禁。

現在優生學這個學門搭配分子生物學的驚人發展，包含出生前診斷、人類基因組研究、受精卵基因診斷、生殖細胞的基因治療等，為融合科學、醫學、倫理學的先鋒。不過，本書中將捨棄這些積極的面向，專指「優生學」或「優生思想」的負面部分。

※創始者法蘭西斯·高爾頓（Sir Francis Galton）[45]在優生學的定義中舉出「改良人種」；阿爾弗雷德·果特揚（Alfred Grotjahn）[46]等權威學者們主張，這門學問的目的在於抑制「低價值性」的進展。

死刑法理「難以去除的犯罪性向」

在日本的審判界裡，從以前就有著眼於「難以去除的犯罪性向」之有無，藉此篩選、排除被告人的基本思考方法，有時候甚至認為不得不令其死亡。

也就是說，以被告人的「難以去除的犯罪性向」為問題，來作為判處死刑的根據之想法，在日本的司法權力中才是真的難以去除的存在。這與街頭巷尾所謂「犯罪者（沒有）更生可能性」幾乎重疊，不過這種說法把個人人格視為生物性客體（傾向）的色彩可說更強。

根據這種想法進行的死刑宣告很多：

- **水戶地方法院下妻支部一九九四年七月六日判決「被告人冷酷無情的人性、反社會性，可說前所未見」；「即使考量被告人並無前科，犯行時二十一歲，在社會上、精神上尚未成熟，亦只能處以死刑」。**
- **東京高等法院二〇〇一年五月十七日判決「被告人雖然接受長期矯正教育，但其犯罪性向並未改正，被告人的反社會性格、犯罪性向已經到達極限」；「只能處以死刑」。**
- **岡山地方法院二〇〇三年五月二十一日判決「明顯可知被告人相較之**

45 法蘭西斯·高爾頓（Sir Francis Galton；一八二二～一九一一）：英國人類學家、統計學家、探險家、初期遺傳學者。

46 阿爾弗雷德·果特揚（Alfred Grotjahn；一八六九～一九三一）：德國社會衛生學家、優生學家。

下平靜地進行殘虐行為，同時再次犯下同樣犯行，在超過六十歲，並且今後並無協助改善的親人等情形下，終究沒有改變人格、改善犯罪傾向的可能」；「因此處以被告人死刑」。

● 廣島高等法院岡山支部二〇〇四年二月二十五日判決「儘管假釋後從事送報、清掃業，並未沉溺於遊樂，過著自立生活，但結果在假釋後短期間之內犯下與前件極為類似之本件犯行，由此可知被告人之反社會性、犯罪性極為強固」；「被告人確實表現出反省的態度，但其反省可說為時已晚」；「只得處以死刑」。

● 福岡地方法院一九九六年十一月十三日判決「被告人使其犯罪性向急遽深化。對照被告人的態度，其自我中心又任性的想法和行動傾向只能說更加根深柢固」；「針對被告人只能判處死刑」。

● 大阪地方法院二〇〇六年十二月十三日判決「被告人之犯罪傾向極為堅定、難以動搖，雖然目前年齡僅二十三歲、相當年輕，其特異的犯罪傾向很難看出改善餘地」；「除了處以極刑別無他法」。

- **千葉地方法院二〇〇六年十二月十九日判決「被告人對前刑之罪已經感受不到其誠摯改過之情與贖罪意識」；「必須說被告人冷酷無情的犯罪性向相當深厚，難以看出其改善更生之餘地」；「即使考慮其所表現出之反省態度，依然只能處以極刑」。**
- **岐阜地方法院二〇〇七年二月二十三日判決「再次犯下同種犯行，證明了被告人之危險且惡化的犯罪性向，且完全不見反省」；「只能對被告人處以極刑」。**

……類似記述難以計數，且在此打住。

上述各個判決案例都是從證據上來看明顯有罪的例子，其中犯人的所作所為皆是該受譴責的重大兇惡犯罪，因此我無意直接評論其量刑的恰當與否。在此，我要討論的是權力行使方式的問題。

從這層意義上來看，這或許是流動在權力作用的底部、深層的問題，但是上述判決文中所看到的想法，都包含著篩選、排除、抹殺值得活下去的生命與不值得活下去的生命之思想，也就是含有優生思想的危險性。

不僅如此，以下將解釋其在權力論上所包含的重大實質問題。

假如單純根據被告人的行為做出死刑判決，那或許並非權力的優生學。然而，如果犯下的罪並不足以判處死刑，只根據「難以去除的犯罪性向」而判處死刑，那麼不禁令人懷疑，這其實是權力的優生學與「生命權力」的淨化作用。

重罪再犯與生命的抹殺

目前日本的司法，重罪再犯時宣判死刑，幾乎已是理所當然。典型的重罪再犯是指，被判處無期徒刑的被告人獲得假釋，重回社會，之後再次犯下殺人罪，這種情況與上述人數基準等不同，原則上會判處死刑。這是來自於消除「難以去除的犯罪性向」之觀點。

也就是說，重罪再犯時，犯人的犯罪性傾向已經極為明白。為了要消除這種傾向，只能處以死刑。

這樣的處置看似不得已，其實也有過剩的一面。因為現在我國的裁判實務上有「實質終身刑」這種因應方式。實質終身刑可以讓該被告人半永久地與社會隔離，封印其危險性、反社會性。

這種情況下的惡性（「難以去除的犯罪性向」）不見得總能對應到死刑。姑且把情感論放在一邊，以刑罰觀點來看，光憑惡性並不能作為生命刑之必要性的根據。

那麼，為什麼不判處實質終身刑，而要判處死刑呢？為什麼連人類的存在都要消除呢？追根究柢，判處死刑的根據只有優生學論點。假如有人批評這只是企圖以法律制度來抹殺對社會而言不理想人類的概念，我想也無可反駁。

再者，重罪再犯除了之前被判無期徒刑，也可能判處有期徒刑。也就是說，可能有被告人因為殺人被判處有期徒刑（比方說，徒刑十五年或徒刑二十年等），服刑結束（或者獲得假釋），回歸社會後，再次犯下殺人罪的情況。

過去日本的審判，儘管是這種狀況也可能宣告死刑。因為之前的量刑若是有期徒刑，這次要判處無期徒刑也並非不可能，但是卻跳過無期徒刑，直接判處死刑。而這種方式自裁判員制度開始之後也沒有改變，現在仍可以看到這種死刑判決（東京地方法院二〇一一年三月十五日判決）。

這樣的處置跳過無期徒刑和「實質終身刑」，刻意運用死刑這種生命刑，由此看來，其優生學式的概念可說相當濃厚。

這種情況和前述國家權力的行使有所區別，因為無法靠「死刑人數基準」判處死刑的案例做出死刑宣告（其前科的過去殺人案例無法再罰，但是目前的殺人案例被害人只有一人，所以無法靠人數基準來判處）。

可以說帶有極強烈的權力色彩。

往內在傾向傾斜的死刑

日本司法除了前面提到的重罪再犯之外，整體而言大幅偏向依據內在傾向的死刑。

前一章中，介紹了過去職業法官制度下進行死刑判斷的概要。在死刑人數基準的框架下，真正進行實質判斷的只有殺害兩人的案例，而且殺害兩人的情況下還要考量是否牽涉謀財、有無計畫、有無前科、年齡等要因而決定。

那麼，在殺害兩人進行實質的死刑判斷時，為什麼需要考量是否出於金錢目的、有無計畫、有無前科、年齡等要因？這都是出於評估被告人犯罪傾向的觀點。這些都與內在惡性傾向究竟多根深柢固有關。

也就是說，必須調查該被告人是否有「難以去除的犯罪性向」。前科或年齡會左右死刑正是因為如此，而重視犯行計畫或是否牽涉謀財，與其說是客觀結果，更是著眼於犯人內在惡性，或者心理傾向所致。

但是也正因如此，過去的刑事司法在重視犯人內在傾向的另一方面，也相對輕視犯罪行為的殘虐性等犯罪本身的殘忍。

如同上一章中提到的沖繩女中學生命案（放學途中的女中學生被兩名陌生男子強姦，還用石頭砸爛臉後勒殺）中，極其理所當然地判處無期徒刑；另一方面，同樣是殺害一人的案例中，前述的重罪再犯案例也同樣極其理所當然地判處死刑。由這些例子都可以清楚看到這個特性。

對職業法官來說，與被害人的人性尊嚴密切相關的犯罪殘虐性，只是次要問題，有無前科反而來得更重要。

否定生命價值的司法

另外，日本的審判中還有一種與重罪再犯呈現對照的情形，在這種情形中，即使被告人僅有一次犯行，依然會受到嚴格的人格批評，並宣告死刑。這到底象徵著什麼？

最具代表性的例子，就是二〇〇一年發生於弘前的信貸公司縱火命案之判決。判決書中如此寫道：「極為任意妄為、自我中心，極端欠缺對他人的體貼與共感，對他人的痛苦漠不關心，足見其相當利己無情的冷血人格傾向。」受到這樣的批評，幾乎全面否定被告人的人性和人格，並且斷定：「對於被告人，除了處以極刑外無其他選擇餘地。」（仙台高等法院二〇〇四年二月十九日判決）。

當時媒體也大篇幅報導這樁弘前事件，犯罪內容如下。

一名男子闖進青森縣弘前市工商大樓三樓的某間信貸公司分行，潑灑手中塑膠桶裡的汽油，要求對方給錢，遭拒後點火逃逸，造成五名員工被燒死，獲救的員工都受到重度燒傷。

犯人在店內潑灑汽油，大叫「這是汽油！」並在員工面前威嚇，取出打火機和紙捲，威脅員工：「把錢交出來！否則我就點火！」不過沒有人回應他，男子見狀繼續催促：「你們快點把錢交出來！」但是非但沒有效果，反而有人報警。慌張之下男子丟出點了火的紙捲，自己逃離該公司。火勢逐漸蔓延，店內馬上就被烈火包圍。整個經過只不過短短兩三分鐘。

審判時，被告人表示自己「並無殺意」，但是並未被接受，獲判死刑定讞。一般來說，對有人在的建築物潑灑汽油點火，就算覺得建築物中的人應該會逃，也會被認定為「未必故意」。關於未必故意在前文中也曾經提過，這種概念是指，就算只把發生的結果單純視為其行為的可能後果之一，假如具有覺得發生也無所謂的心理（「容認」），就視同於有殺意。

這個事件導致五人死亡的結果，當然相當嚴重。不過直搗犯人的內在與情操、對犯人的整體人格加以徹底批評，與犯罪被害的重大性，也就是保護被害人的層次是完全不同的問題。

從上述判決文也可一目瞭然，這種審判已經脫離犯罪行為，開始攻擊人格、排拒被告人的人性，這是一種否定個人生命價值、生存資格的司法。假如日本的司法是一種脫離優生學的中立思維，那麼大可避免過度觸及行為人的人格，僅以上述「人數基準」來宣告死刑即可。畢竟根據職業法官所採取的「人數基準」，殺害五人應該下什麼樣的結論已經無庸置疑、相當明確。

在沒有精神科醫師佐證的前提下，我完全找不到任何像這樣觸探被告人內在、以彷彿無所不知的口吻譴責被告人人格的理由。

權力式司法的矛頭——犯人的家人處境

那麼，因為司法遭受上述責難而被宣判死刑的犯人，其真實面貌和真實生活又是什麼情形呢？

弘前信貸公司縱火命案的犯人是個四十多歲的計程車司機。家中有妻女，數年前貸款，在青森市的新興住宅地買了一棟房屋，和家人一起生活。計程車司機的工作表現也受到「認真負責」的好評。

但是，他因為喜歡自行車競輪賭博，導致人生巨變。在競輪中賭輸背負債務，又為了想連本帶利賺回來，再次把錢丟進競輪中，事件發生之前他已經累積二千數百萬日圓的負債。後來他犯下該案。

事件後，他的妻女不得不離開貸款購買的獨棟房屋，留下無人看顧的房子，任其荒廢，一家四散。

在這個例子中，犯人在犯案之前是個過著平凡生活的市民，因此不管從任何意義來看，都無法看出其「難以去除的犯罪性向」。不如說這個事件的本質特徵，在於被告人一次性地做出嚴重到連本人也不知所措的犯行。

從這個意義來看，上述仙台高等法院的判決不同於前文所介紹，為了消滅「難以去除的犯罪性向」而抹殺人類的死刑權力，可說顯現另一種不同色彩的優生學式思想。

這種時候權力行使的色彩，除了犯人本身，如果考慮到其家人，就更加清晰了。就像上述判決文中所寫，「極為任意妄為、自我中心，極端欠缺對他人的體貼與共感，對他人的痛苦漠不關心」「相當利己無情的冷血人格傾向」等，假如自己的丈夫或父親遭到如此判決會如何？顯然，這一家人在社會上再也沒有容身之處。

前面提過所謂「未必故意」，而我們也可以說，這樣的司法具備令人一家離散的未必故意。

法官脫軌的攻擊性

弘前信貸公司縱火命案中，被告人的家人明明是與犯罪沒有直接關係的日本國民，卻被法院剝奪了社會尊嚴，在社會中遭到遺棄。其中隱藏著與單純主權權力行使完全不同的思維。

也就是可稱之為「法律滅絕政策」的特殊權力意圖。不只對該犯罪者判處死刑，也企圖使其子孫無法在社會中生活。如同前文所引，在判決書中以極不適合放在公文書中的表現，無所不用其極地再三進行人格攻擊，都是為了暗中實行優生政策。

在這裡真正被當作標的的，既非被告本人犯下不可原諒的罪行，也不是犯下重大惡行的被告本人之人性問題，而是犯人血統的問題。在這樣的思維下，視該犯罪者本人為「不值得活下來、應該抹殺的生命」，試圖驅逐其遺傳素質。

至少在此案中，確實刻意打著法律和審判之名，做出即使被如此批評也無話可說的事情。不管該法官是否有自覺意識到其「法律滅絕政策」，這依然是無法否定的事實（以上為「生命權力」的問題類型）。

另外，該攻擊式的權力行使中，很明顯可以看出有將權力內化的法官涉入（與「生命權力」問題類型不同的另一種權力問題類型，也就是「規訓權力」的層面）。

上述判決文，與其說是冷酷宣告死刑這種刑罰結果，根本可說是已經喪失冷靜的權力式憎恨爆發。

在第五章中，曾經討論過日本刑事司法的特徵。日本的規訓權力性（近代權力的規律訓練性）與法官，導致刑事司法上出現明顯偏向（「刑事司法的日式傾向」），而在這裡也一樣可以清楚看見規訓權力作用帶來的扭曲。

為避免誤解，請容我附帶一提，以上的討論並不代表我反對弘前信貸公司縱火命案的死刑結論。我想強調的是，同樣做出死刑判斷，也有在權力論層面中立的死刑判斷方法，這與在權力論上傾斜扭曲的死刑判斷方法相較，將會實際讓犯人家人面臨完全不同的處境。

被害人的復仇原理與加害者的惡性原理

現實上會論及死刑的犯行（檢察官會求處死刑的案件），內容各式各樣。不過，死刑判斷大致來說可以分成兩種層面：一是，從被害人角度來看希望判處死刑的觀點；二是，基於對犯人的譴責而提出死刑的觀點。

假如從與這些觀點的關係來整理前述的權力論，大致如下。

被害人的復仇原理至少在原理上對應著剝奪對方生命這件事。親人遭到殘忍殺害時，如果不奪走兇手生命，或許就稱不上復仇。所以，如果希望國家代為復仇（報復原理＝應報原理＝應報刑），剝奪人命的生命刑就可能成立，也就是作為一種刑罰的生命刑得以正當化。

然而，犯罪者的惡性原理則與其外表相反，或者說與我們的直覺相反，無法讓生命刑正當化。作為一種刑罰來看，犯罪者的惡性未必對應到死刑。因為出於惡性而要消滅犯罪者，已不再是一種刑罰，而接近抹殺。

對於因惡性原理而採用死刑這件事，我們應該抱持疑問，甚至抵抗。「消滅罪惡」的想法本應遠離法律、權力、刑罰，作為一種實際社會中的信條才是。我們必須將這件事銘記在心。

對於觸犯法律的罪犯之惡性，為何能做出如此批判？或者說，真有必要做出這些批判嗎？本章到目前為止的權力論，就在闡明這個道理。

「消滅罪惡」的思想病理

那麼，再回頭看看正義論的範疇又是如何呢？在正義論中，有沒有採納不同於此（「消滅罪惡」）思維的餘地？

在正義論中，應該反對罪惡固然是不言自明的道理。然而，「消滅罪惡」這個思想本身，並不盡然不言自明。

馬勒伯朗士（Nicolas Malebranche）[47]根據笛卡兒的永遠真理創造說，主張這個世界的罪惡對我們來說只是看似如此，並沒有絕對罪惡的存在，認為沒有一種完全的惡性。而「消滅罪惡」這種思想，事先設想了有必須撲滅的「絕對的惡」與「完全的惡性存在」。

帕斯卡（Blaise Pascal）[48]自問：「該不該為了使惡人的存在消失而殺害他們？」最後明確導出了「否」這個答案（《思想錄》[*Pensées*]）。這與他認為惡是人類自由意志的結果有關。假如人類是基於自由意志來選擇善惡，那麼無論善惡，都是一種自由的體現。

帕斯卡不認同應該殺害惡人，是因為他認為善惡皆屬於一種自由意志，不可根據片面原理來消滅人類的存在。僅以惡性為由處以生命刑，可能會連結到否定人類自由這個結論。

將善惡視為人類自由意志的見解始於奧古斯丁。這種想法認為人類並非單純受到命運或必然的控制，站在善惡的分歧點上，我們還有自由選擇的餘地，得以決定最後選擇何者，人類的尊嚴也因此方能被承認，而且正因為出於自己的自由意志選擇了惡，才產生了責任。也因此，站在另一個角度，後者的觀點，亦即無法歸咎於別人、出於自由意志行惡這層意義，自由意志由來說也可以成為肯定死刑的根據。在這裡我提出正義論的兩種論述。

我們回顧審判歷史上「消滅罪惡」這種思想時，甚至會對正義論產生嚴重的懷疑。

歐洲有一段時期曾經盛行審判女巫，而這段時期距今並不算太古老。這股風潮在十七世紀後半才開始逐漸消退，之後一直持續到一八三四年。

對於在審判中被認定為「女巫」的人，包含幼童，都會採取用火活活燒死的處置，大家之所以毫不猶豫如此實行，都是出於要「消滅罪惡」這個信念。

尤其審判女巫並非單純的宗教問題，這是一種與法律、審判密切相關的歷史現象。除了由於宗教上的迷信必須受到異端審問官在宗教法院中裁

47 馬勒伯朗士（Nicolas Malebranche；一六三七～一七一五）：法國神學家、哲學家。
48 帕斯卡（Blaise Pascal；一六二三～一六六二）：法國神學家、哲學家、數學家、音樂家。

決，在世俗法律中也訂定所謂「女巫罪」的相關刑罰，廣泛在一般法院中由法官們斷罪。在《卡洛林那刑事法典》（*Constitutio criminalis Carolina*）中，官方還訂定了認定「女巫」的刑事手續（稱之為「適切的法律手法」）。知名的主權概念創始者，法學家布丹（詳見第六章）曾經著有《巫師的惡魔執迷》（*De la démonomanie des sorciers*，一五八〇年），在書中嚴肅討論認定為「女巫」的各項特徵。也就是說，「女巫」的特徵被視為發動刑罰權之法論上的實體要件。

這不僅是宗教問題或集團觀念強迫，更是法律與審判，甚至思想本身的問題。審判女巫和審問異端的微妙和激烈，正顯示「消滅罪惡」這種思想的危險。

惡性原理帶來的死刑矛盾

出於惡性原理判處死刑，在具體現象上也呈現了矛盾。從下面的例子我們可以看出，死刑未必可以套用在勸善懲惡的概念上。

一個脫離常軌犯下重大惡行的人，往往並不抗拒死刑，有時甚至會出現積極期望死刑的異常心理。比方說，附屬池田小學兒童殺傷事件中，犯人許多違背常識的言行都觸怒被害人遺屬，但是關於自己的生命，他也一樣公然對當局表示「快點盡早執行死刑」，甚至在獄中企圖為此興訟。另外在土浦隨機殺人事件中，年輕的犯人自承犯案動機為「想犯下足以被判死刑的事件」，還在法庭中做出V字手勢，獲得死刑判決後，面對媒體採訪，他回答自己獲得「完全勝利」。

類似這種狀況，從對抗惡性的觀點來看，判處犯人死刑與其說是消滅「惡」，其實只是滿足犯人「惡」的願望。惡性原理與作為法律制度的死刑，有深層且微妙的齟齬。

上面提到的這些異常心理，明顯源自犯人對人生和自己有著根本的絕望，而自暴自棄的結果。既然如此，假如要「勸善懲惡」，反而應該讓犯人活在絕望中，令其思考生命的意義（無期徒刑或實質終身刑），才符合真正「勸善懲惡」的意義。

但儘管如此，最後卻沒有做出這樣的判決，附屬池田小學兒童殺傷事件和土浦隨機殺人事件中，為什麼都無法這麼做？顯然理由是來自惡性原理以外的觀點。

在上述這些狀況下死刑之所以成立，原因並不在犯人本身的惡性，而是前面所提及的被害人復仇原理，與接下來要說到的「社會安全」觀點。

第九章

期待死刑的「安全社會」

死刑を求める「安全な社会」

何謂安全社會？

「人身安全」與「安全社會」的差異

「安全與死刑」的正義論

什麼是安全的矛盾律？

現代福利社會與權力的改變

管理社會的新權力

現代思想「從自由到安全」的轉移

死刑的第三原理

社會防衛的界限

何謂安全社會？

前面說到，死刑判斷大致可以從被害人情感要求死刑，與出於對犯人的譴責而運用死刑這兩個層面來思考，但是也有些情況會與其他觀點密切相關。

連續殺人、同時多數殺人、隨機殺人等造成多數死者，帶給社會整體衝擊性打擊的特殊事件類型，除了上述兩個觀點以外，也與「社會的安全」這個層面有關。這一點除了是「社會整體如何面對無差別式犯罪威脅」的理念問題，同時也如同「隨機殺人誕生於現代都市病理」這類描述一般，是極具現代性的問題。

如果把前面的論述歸類為被害方的原理（「復仇原理」）與犯罪方的問題（「惡性」），那麼社會安全可以說是「我們」的問題。

當我們在討論社會一般問題時，無疑存在所謂「安全社會」理念，這是社會該有願景中的重要主題之一。然而首先我們必須確認，在法律與審判中，這個理念代表著什麼？因為這個討論的領域，與前述「犯罪者的惡性原理」只有一線之隔。雖說是「安全」，但若是與市民人身安全相關的各項具體、現實危險性（犯罪者再犯可能性），終究只屬於個人惡性問題。只需要將犯罪者終身監禁，即可解決問題。這層意義的惡性前面已經討論過，但問題在於與此不同的性質。

換句話說，在這裡提出的主題相當微妙，已經超越我們的人身安全，討論的是究竟有沒有「安全」這個社會理念？而這個理念是否只能靠生命刑來達成？

「人身安全」與「安全社會」的差異

希望自己（或家族）人身安全，與希望活在安全社會中，嚴格來說或許是兩回事。

假如前者的「人身安全」是指面臨他人攻擊時眼前的「自身安全」，那麼後者的追求「安全社會」或許可以說是一種以減少互相攻擊的社會為目標的常態性志向。進一步強調其間差異的話，前者為個人利害，後者可說是超越個人利害的一種社會正義。

自從霍布斯以來，即有將「安全」（Security）概念視為即物事實的「人身安全」，亦有視為貫穿未來的社會理念這種想法。霍布斯認為，人類因為思考將來、預見未來，才會基於安全創造利維坦、形成社會。霍布斯指出，國家成立之前的自然狀態缺乏安全性，恐懼衍生更進一步的恐懼，成為「萬人對萬人的鬥爭」，「人面對人都成了狼」，他還如此形容自然狀態：

「無人耕作土地（中略）沒有建築物，沒有移動重物的道具（中略）沒有時鐘，沒有技藝沒有文藝沒有社交。人在這裡的一生，孤獨、貧窮、醜陋、野蠻，而且短暫。」（《利維坦》）

也就是說，欠缺安全不僅是即物事實的「人身安全」，也與社會型態、未來的社會發展密切相關。假如基本安全未獲保障，那麼耕作土地收穫也可能被搶奪，辛苦製作的道具也可能很快就被他人搶走，更不可能醞釀出文藝或社交氣息。

既然如此，除了寄望自己的人身安全，也必須思考生活（存活）在安全社會中的意義。人該怎麼活、如何才能活下去，確實會受到我們生活在什麼樣的社會所影響。站在這個層次思考「安全」，所想的並不只有「存活」，而會產生出與「好人生」（「活得好」）相關的共通關注事項，也就是「安全社會」的理念。

「安全與死刑」的正義論

以上的討論如何與死刑論連結？

首先，我們試著從正義論的層次中摸索。以隨機殺人為例，「要殺誰都可以」這句話很能象徵其本質。隨機殺人有如同土浦隨機殺人事件這種自虐性質的案例，也有如同附屬池田小學兒童殺傷事件這種自我本位的型態，但不管是哪一種，不在意他人生命價值這一點並無二致。因此，光考慮實體上對市民帶來的危險還不夠。因為這種現象包含否定與人類社會之成立相關的共通情感和根本倫理等問題，不能視而不見。如同亞當·史密斯（Adam Smith）[49]所說，共通情感也就是「共感」，原本在人類社會中具備自然的存在理由（《道德情操論》[*The Theory of Moral Sentiments*]），而隨機殺人則與此有著根源性的背反。

傅柯認為，從古代東方文明至今，國家社會的其中一個面向，具有為了拯救一個成員的生命，不得不讓整個集團暴露於危險中的宿命或使命（「祭司型體制」）。而在此同時，個人也因此在該社會中找到歸屬。換句話說，假如一個人硬把他人捲入自己的命運中，無意義地犧牲他人的生命，這個人將會失去在社會中的歸屬。

以上所講的狀況，多多少少可以套用在連續殺人、同時多數殺人上。基於正義論觀點，會出現以下想法：「對於隨機殺人、連續殺人、同時多數殺人等威脅安全社會理念者，唯有否定其安全，才能實現我們的安全社會。」否則，安全社會的理念勢必會面臨瓦解，產生與生命刑相關的反轉邏輯。也就是基於同一種矛盾律，認同死刑的立場。

本書第三章中已經說明孟德斯鳩的見解，他認為：「對於企圖剝奪其他市民安全的市民，社會應拒絕（保障）其安全。」（《論法的精神》）同樣在第三章，也提到盧梭闡述人身安全與死刑之等值性的見解，也就是所謂刺客死刑論。他認為：「為了不成為殺人犯手下的犧牲者，我們應承諾當自己成為殺人犯時被科處死刑，」接續於此，盧梭又說：「侵害社會法律的惡人，全都因其犯罪成為祖國的謀反者、背叛者。他因為犯法，放棄成為祖國之一員，甚至可說對祖國發動戰爭。兩者之中勢必有一者必須滅亡。」（《社會契約論》）

我們必須思考，這種思考（「安全的矛盾律」）究竟正確與否。

什麼是安全的矛盾律？

安全的矛盾律並非絕對。因為即使不認同，也並不代表縱放，或者處以輕刑了事。不，科處終身刑或無期徒刑等重罰是當然的前提。儘管如

49 亞當・史密斯（Adam Smith，一七二三～一七九〇）：蘇格蘭哲學家和經濟學家，被譽為現代經濟學創始人。著有《國富論》。

此，還是存在著矛盾律嗎？

孟德斯鳩和盧梭依然主張「非動用死刑不可」，因為他們認為，儘管終身刑和無期徒刑是一種重刑，卻也是一種安全保障。也就是說，他們覺得在監獄這個空間中反而保障該犯人的安全。監獄剝奪受刑人的自由，加以拘禁，也科處強制勞役，同時卻也確保受刑人在牆內的存活。

不，國家必須負起責任保護自由刑的受刑人，身為公務員的監獄官要負責警衛。而這一切都靠市民繳納的稅金來管理、支付。站在這種觀點，監獄也可說是一個有人監視、供應三餐的安全空間。終身刑對犯人來說是一種終身的安全保障。

對於隨機殺人這種輕視他人生命的人，運用社會系統、人力資源、費用負擔來保障其生命，也就是用社會整體去支撐、保障其安全，我們真能忍受嗎？假如為了帶給社會最低限度的協調，必須尋找其他原理和方法，那最後還是會走到「若非生命刑則無法處理」這個答案。

所以，安全的矛盾律儘管不能說是絕對，卻也稱得上是絕對不能加以否定。這依然是正義論上的一種有力立論。

另一方面，如同前述，反對論也可能成立。「威脅社會安全者」與「社會保障此人的安全」或許說來矛盾，但這樣的矛盾是否一定得用死刑解決？我們也可以認為，安全的理念畢竟只是一種渴望，應該僅止於一種志向。

此外，原本在正義論當中，也可能有反對將「安全社會」理念設定為目的論的立場。因為安全社會的理念與國家主義式的「公共安全」（「公安」），有不少相似之處。

看來光談正義論並不容易做出結論，舞臺不得不搬到權力論上。

現代福利社會與權力的改變

傅柯認為，「生命權力」轉換為優生學的方式，成為死的權力。而這種「生命權力」的優生學要素吸納人種改良和超人思想等奇妙夢想，與種族歧視搭上關係時，出現前所未見的大量生命抹殺、大量屠殺。這種經過計算的冷酷威脅，並非以往暴君式逆我者亡的「死的權力」可比擬。

納粹屠殺猶太人就是典型的例子。猶太人大屠殺看似沾滿鮮血的主權權力行使，但是經過分析可知，其實這樣的屠殺並非源自古典的暴虐，而是近現代「生命權力」的作用。實際上，納粹所實行的大屠殺，必須建立在毒物開發、收容所設備建設、大量輸送方法等效率化、合理化下，才得以成立。

霍克海默和阿多諾並未將納粹和猶太人大屠殺視為時代錯誤的暴力，而視為一種近代理性（「工具理性」）的必然性結果，也與上述論點有相通之處。再者，這種「生命權力」的優生學特徵，就連現代福利國家也無法擺脫。福利國家的結構如果僅從數量觀點來看人口，將會面臨財政無限制擴大這個結論，國民人口整體中不得不納入優生學的考量。從福利成本的觀點出發，反而會走向優生政策。

這是現代福利國家隱而未見的負面樣貌。

從歷史上看來，納粹緊接著在高舉（在憲法中保障生存權）社會福利國家理念的威瑪共和國體制之後抬頭。傅柯的分析與其歷史脈絡非常相符。威瑪共和國末期的普魯士邦議會在一九三一年決議刪除福利成本時，也直接提出優生學考量。決議理由表明：「以我們現在的經濟狀況，花在遺傳性身體障礙或精神障礙者上的支出已經攀升到無法負擔的金額。」隔年，納粹政權訂定《絕育法》（《遺傳病子孫預防法》）；一九三五年，制定剝奪猶太人市民權的《紐倫堡法》（《帝國公民法》）；一九三九年起，展開讓障礙兒童和精神病患者安樂死的「T－4行動」；一九四一年之後，納粹德國開始組織性地實施大量屠殺、滅絕猶太人的政策。

第二次世界大戰後，與以納粹德國為代表的人種政策相關的露骨優生學，不免受到徹底批判。然而傅柯分析，其背後本應存在的「生命權力」，戰後也確實繼續影響我們的生命。在某些面向上，「生命權力」顯現於福利國家的延長線上；在另一些面向上，「生命權力」則外覆著重大改變，在戰後呈現出另一種國家權力的樣貌。

管理社會的新權力

管理社會是現代的縮影。

傅柯認為，「生命權力」經過上述歷程，呈現出與以往極權主義不同意義的新治安國家樣貌。那是經過福利國家時代後國家權力的一種樣貌，也就是現代管理社會時代的新權力特徵（如果傅柯權力論的第一問題類型為「生命權力」、第二問題類型為「規訓權力」，這可以說是第三問題類型）。

傅柯如此說道：

「現在逐漸設置的治安社會，對於一連串行為相當寬容（中略）對待行動之餘地或者多元主義之寬容程度，遠比極權主義更高。這是一種比極權主義的權力更聰明、更狡猾的權力。」（〈治安與國家〉[50]）

齊格蒙・鮑曼（Zygmunt Bauman）[51]也有同樣的見解。鮑曼認為，說得更極端一點，那可說是福利國家的變形。現代管理社會的國家已經無法在財政上充分給予國民生活保障，因此會有專注於有限治安領域的傾向。因為唯有如此，才能維持國家的存在理由。換句話說，生活保障會漸漸侵入個人私領域，權力會將確保成員安全這件事列為最優先事項（**《尋找政治》**[*In Search of Politics*]、**《共同體：在一個不確定的世界中尋找安全》**[*Community: Seeking Safety in an Insecure World*]）。

這些變化可以解釋為將社會保障推向個人私有責任的趨勢，但也不僅止於此，其中包含國家權力往治安傾斜的特質，帶有將國家功能「由生活保障轉移到安全保障」「由福利國家轉移到新治安國家」的戰略意義。

這種可謂為「新治安國家」的權力，對死刑的相關狀況有什麼樣的影響呢？

50 〈治安與國家〉：出自傅柯《言論寫作集》（*Dits et Écrits*）。

51 齊格蒙・鮑曼（Zygmunt Bauman；一九二五～二〇一七）：波蘭社會學家。

現代思想「從自由到安全」的轉移

關於個人安全與社會治安，以日本的狀況來說，例如附屬池田小學兒童殺傷事件，這類發生在安全聖域學校內的兒童殺傷行為，要反對死刑結論可說相當困難。這個事件的情狀實在太糟，就算姑且不看這個例子，即使是內含許多社會問題的秋葉原隨機殺人事件也一樣，事件之後儘管出現質疑死刑的聲浪，但也迅速消失。

以最近十幾年的時間跨距來看，所謂的隨機殺人、出現多位被害人的狀況，判處死刑幾乎已成了慣例。不只隨機殺人案，可以想像與「安全社會」這個價值觀有關的事件，今後勢必會更明顯傾向死刑。

進入本世紀之後，日本的治安惡化與少年犯罪的兇惡化受到極大矚目，對此，刑事政策和犯罪學專家則表示，實際上治安並沒有更糟、統計上來看少年犯罪數量呈現減少趨勢等等。

但是，問題或許就在於事實並非如此，國民的意識卻覺得治安惡化和犯罪愈形兇惡化。在這當中可以發現市民的心態，在一個逐漸擴大的消費社會和高度管理社會中，不得不滿足於確保個人生存、安全。每個人的努力在這難以改變的政治、經濟、社會結構中，把自由當作最具價值之事物來爭取的必然性，已經漸漸淡薄，由此可看出「從自由到安全」的價值觀轉變。

尤爾根・哈伯瑪斯（Jürgen Habermas）[52]認為，現代社會由於管理化和貨幣經濟，已經成為一個個人政治、公共意識受到侵蝕的社會。以往用來對抗封建權力、開創近代自由政治的言論場域，現在對每個市民來說已經喪失現實性，市民封閉在私領域中，結果也使得整體社會陷入封閉狀況。哈伯瑪斯主張，這種現狀應該靠市民的自由溝通來打破（**《公共領域的結構轉型》**[***Strukturwandel der Öffentlichkeit***]），不過，或許情況已經進展到「從自由到安全」的轉變無法逆轉的地步了。

有傅柯左派之稱，著有《福利國家》（*L'état providence*）的厄瓦爾德（François Ewald）[53]在一九九〇年代以法國經濟智囊之姿出現，支持新自由主義方向的政策，讓許多關心權力論的人大感驚訝，這也是極具象徵性的

52 尤爾根・哈伯瑪斯（Jürgen Habermas，一九二九～）：德國哲學家、社會學家。
53 厄瓦爾德（François Ewald，一九四六～）：法國歷史學家、哲學家。

事件。

換句話說，現代「新治安國家」的權力正是基於這種意識和價值觀，讓死刑成立。

死刑的第三原理

用比喻的方式來說，死刑判斷中除了①被害方的復仇原理、②犯罪方的惡性原理，還有③我們的社會安全這個原理，隨著現代管理社會的進展逐漸浮出。

以與第三章正義論中各種概念的關係來說，這與特別預防不同（特別預防相當於②犯罪方的惡性原理），同時也與第三章中出現的一般預防（「威嚇和儆戒」）不一樣。從附屬池田小學兒童殺傷事件和土浦隨機殺人事件這類自暴自棄犯罪者的例子可以看出，並沒有一般預防的效果。這裡所謂的「安全」理念，無法單從特別預防、一般預防這種法律政策的層次來討論。

這是以往法學領域中並未自覺討論的問題領域，勉強歸類的話，比較接近「社會防衛」（詳見第三章）的觀念。從社會企圖保障安全，因此要求「對犯下的罪行付出相應代價」這層意義來看，與應報刑論也有關係。

現代社會中對市民而言的「安全」代表何種意義，再次受到探問。

第三原理，社會的安全能否讓死刑正當化？

前面透過正義論、權力論，我們可以發現，就結論而言，現在的日本社會、國民意識對此抱著肯定的想法。隨機殺人等連續殺人、同時多數殺人案件，由於輕忽人命，對我們的社會帶來重大打擊。對這種犯罪只能用奪走其生命來因應，看來確實是很自然，而且是穩固的想法或意識。以典型的例子來說，除了附屬池田小學兒童殺傷事件之外，還有奧姆真理教在一九九五年引發的地下鐵沙林毒氣事件。有沒有可能受到沙林毒氣這類猛毒物質的散布所威脅，對我們的生活會帶來天差地別的不同。這時，除了實際受害的被害方會希望判處生命刑（①被害方的復仇原理），幸運免於受害的我們，也會如此希望（③社會安全原理）。

社會防衛的界限

「新治安國家」的權力，已將國家的功能由生活保障轉移到安全保障。在此當中，個人寧願割捨整體的福利，也希望至少可以確保「我們的安全」。

然而，割捨福利後的新治安國家下，威脅安全的「他者」如何出現？從這個觀點來看時，儘管同屬與「安全社會」價值觀相關的事件，也無法把秋葉原隨機殺人事件與其他一般隨機殺人事件同等看待。

秋葉原隨機殺人事件是一個剛被解僱的派遣勞工將自己對社會和周圍的憤怒不滿，發洩在素昧平生的不特定多數人上，屬於兇惡性高的隨機殺人，但是無可否認，其根柢存在著社會問題。勞動力的流動化、派遣勞工的艱困經濟狀況，還有諸如「勝利組、失敗組」等詞語代表的社會冰冷風潮，都對這個案子帶來影響。由此看來，這可說是正規僱用與非正規僱用的差別待遇導致的犯罪；也可說是打著「自我決定與自我責任」之名，將社會保障和就業歸類為個人私有責任的新自由主義之副產物。

齊格蒙·鮑曼認為，新治安國家中福利和就業面被放棄的人與未被放棄的人之間，形成斷裂，更助長後者視前者為危險存在的觀點。他認為這正是「安全保障」的實質內容（《尋找政治》）。

在實證犯罪學的領域中，也曾經在二〇〇六年的國際犯罪學論壇中比較研討歐洲各國的犯罪狀況，結果發現監獄人口和格差社會之間，確實出現有意義的關聯性。

這麼一來，生活保障的縮小和重視治安的關聯之間就可能有陷阱，而秋葉原隨機殺人事件中也確實存在這些要素。

就業流動化、正規僱用與非正規僱用的劃分、格差社會的出現等等，在勞動市場中造成了強加不利條件於個人的「市場權力」。對許多人來說，不得不為了明天的生活忍受這些差別待遇。脫離於這種「市場權力」作用的人如果是「新治安國家」的權力標的，那麼權力機制就很清楚。也就是在這個情況下運用死刑，亦即完成「市場權力」—「新治安國家」的權力機制連鎖。

這當中帶有超壓抑（一種基於「我沒有受到壓抑」「沒有受到排擠」等虛偽意識的壓抑方法）的色彩。

乍看之下或許與壓抑沒有關係，其實如果刻意搬出「安全」的幻想，來檢視其中有無任何意圖，應該就是「新治安國家」的權力中看不見的排擠作用。由此也可窺見鮑曼所謂的「斷裂」（福利和就業面未被放棄的人，視被放棄的人為一種危險存在）。

即使在隨機殺人和無差別殺人的範疇中，類似秋葉原隨機殺人事件這種案例，若要依照上述③社會安全原理導出死刑這個結論，也會產生很大的疑問。

我們回顧一下①被害人復仇原理。如同前述，至少在原理上，這可以讓生命刑這種刑罰正當化。然而，如果犯罪背景潛伏有社會問題，被害人復仇原理也不得不讓步。

所以，諸如秋葉原隨機殺人事件這種案例，其實不管從①被害人復仇原理或者③社會安全原理，都無法讓死刑正當化。

第十章

絞刑、電椅、毒氣室、藥物——死刑執行的方法論

絞首刑、電気椅子、ガス室、薬殺
——死刑執行の方法論

絞刑違憲論

「人道死刑」的悖理

心神喪失狀態下的死刑停止

死刑執行方法的法制史

死刑的感動與啟發——日本的死刑執行

死囚與哲學家的對話——風俗業界最底層命案

「悔改而死」的欺瞞

連死亡方法都企圖控制的貪婪權力技術

裁判員審判中第十個死刑判決案例，是大阪此花區的小鋼珠店縱火殺人事件。

這個事件中，辯方展開絞刑違憲論的論述，著眼於絞刑是憲法禁止的「殘虐刑罰」（《日本國憲法》對於死刑既無特別肯定也不否定，不過第三十六條中明確禁止殘虐的刑罰）。

判決中認為絞刑不算是「殘虐刑罰」，符合憲法。不過另一方面，也稱不上最佳的死刑方法，對現狀丟出了一定程度的疑問（**大阪地方法院二〇一一年十月三十一日判決**）。

絞刑違憲論

絞刑違憲論著眼於日本現行刑法執行死刑的方法只規定了絞刑這一點，企圖對死刑方法提出異議，來抑止死刑判決或死刑執行。姑且不管死刑的存廢與是非，或者死刑是否合憲這些根本問題，這個論點將焦點鎖定執行方式絞刑上，大做文章。這麼一來，假如絞刑被視為一個問題（被認定殘虐），在現行刑法中「死刑……以絞刑執行」，僅規定死刑執行方法的現狀下，將反射性地無法進行死刑判決或死刑執行，這種法律技術企圖獲得這樣的效果。

因此，這種論述就算可以迴避該審判的死刑，可以暫時阻止不久將來預計執行的死刑，然而一旦採取立法措施因應，增加絞刑以外的執行方法，此法將立刻失效。由此看來其實是一種偏離本質的討論。

然而這其中也包含何謂不殘虐的死刑、何謂人道死刑等問題。這些問題看似與死刑存廢論、是非論的討論次元不同，其實在深層密切相關。其中有何種關聯，就是本章要討論的主題。

「人道死刑」的悖理

斷頭臺是人道死刑的一個例子。

斷頭臺是基於法國革命的人道精神所導入。因為是由人下手的斬首刑，有時無法一次完成，必須揮刀兩、三次。

法國革命期間，斷頭臺符合當時的時代精神，被認為是「可實現人道主義和正義的機器」，因此在議會中議決採納（**一七九二年四月二十五日革命政府國民議會**）。

關於進入這個世紀後美國執行死刑方法的變遷，已經在第三章中說明。每一州都在摸索何謂人道的死刑執行方法，各自發展，並導入電椅、毒氣室等方法，經過數次失敗和嘗試後，現在最普遍的就是注射藥物的方法。美國死刑史上，曾經發生絞刑失敗的頸部斷裂意外，因而導入電椅和毒氣室；後來又發生毒氣室的毒氣噴射異常，導致死囚經過長時間痛苦掙扎的案例；還有因電椅電流控制不當，導致身體起火燒損等案例。因此轉移至藥物。

藥物注射或許可說是最近代的死刑，不，應該說是近未來式的死刑。醫師看準時間，對被綁在床上的死囚機械性地注射致死藥物的景象，除了有近未來的感覺，也很非人類。實際上，美國在二〇〇七年聯邦地方法院也曾經做出藥物注射死刑違憲的判決，不過隔年又被聯邦最高法院推翻，判定為合憲，引發一陣混亂。

藥物注射呈現「無痛的死刑」，其實包含著使死刑意義危險化的重大矛盾。

美國許多州所採用的藥物注射方法，都是先靜脈注射麻醉藥，讓死囚失去意識，然後再注射致死藥使其死亡。說得更詳細一點，是讓導管刺入血管注入全身麻醉劑，讓麻醉發生效力之後，在意識不明的狀態下對死囚注射肌肉鬆弛劑使其呼吸停止，最後再注入高濃度氯化鉀溶液，停止心臟跳動。

注射致死藥之前死囚已失去意識，因此理論上不會感受到肉體痛苦。然而，儘管沒有肉體痛苦，以藥毒殺一個沒有意識的人，到底有什麼意義呢？

心神喪失狀態下的死刑停止

我在前面對以藥毒殺沒有意識的人這種（刑罰上的）意義提出疑問，另外還有一個相關現象，就是心神喪失狀態下的死刑問題。

日本的《刑事訴訟法》中規定，當死囚處於心神喪失狀態下的期間，必須暫緩死刑的執行（死刑執行的停止，《刑事訴訟法》第四百七十九條第一項）。所謂心神喪失狀態是指精神異常、意識喪失狀態等。奧姆真理教事件中已經死刑定讞、入監的教祖麻原彰晃現在在法律上的狀態，也與這一點有關。

許多死刑存置的國家都設有這類規定。那為什麼處於心神喪失狀態時必須暫緩死刑的執行呢？這是為了與單純的抹殺做出區別。由於有了這項法律規定，現在的死刑才得以勉強與抹殺劃出界線。這是一條掌權者也不得不承認的死刑界線，是無論如何都無法移除、忽視的死刑意義。

反過來說，前面所提的美國藥物注射死刑又如何呢？藥物注射在注射第一劑麻醉藥之前，會讓死囚意識到即將開始執行死刑，從這一點看來，可說只有一線之隔，勉強與在心神喪失狀態下執行死刑做出區別。相反的，也可以說與機械式的抹殺接近到只有一線之隔。

或許不可能有完全沒有痛苦的死刑——不僅肉體苦痛，連精神痛苦也沒有的死刑。純粹的安樂死很明顯違背死刑的刑罰性質。

因此，無法因人道的死刑概念來讓死刑正當化。這不僅會受到死刑廢止論者批評「虛偽」，對於真正的死刑肯定論者來說，也只是徒然讓死刑意義暴露於矛盾下。

死刑執行方法的法制史

假如是單純的抹殺，那麼就可以「不擇手段」，也沒有必然的方法。假如要抹殺一個政治犯，可能會採用在人群中擦身而過的一瞬間將其刺殺的方法，或者在他本人也沒有發現的情況下於食物中下毒等等。像納粹德國希望進行大量屠殺時，就會發明出集中營、毒氣室等，將抹殺方法的「合理化」推展到極限。

然而，死刑則不同。作為一種刑罰的死刑必須採取特定的方法。由此可知，死刑執行方法即是死刑的本質。

在絕對王政時代除了有身體刑，死刑也以極為殘虐的方式來執行。例如五馬分屍、車轘、火炙、烹殺、活埋等。而傅柯認為，這些手段既非盲目的殘虐，也並不過分。因為在絕對王政的時代中，為了確立起王權的絕對支配權，必須壓制住民眾，這可說是出於必要而為。在征戰當中，士兵進行的軍事殘虐行為也是一種必然現象，可說是在軍事性殘虐性的延伸下，確立刑罰的定位（《規訓與懲罰》）。

換句話說，在那個時代當中死刑本應殘虐。不，必須得殘虐。

而在歐洲，同樣是死刑，絞刑和斬首刑之間有著質的差異。斬首刑比絞刑光榮，比方說英國和法國在市民革命期之前規定，對貴族執行斬首刑、對庶民執行絞刑。

再者，如同前述，中近世歐洲「竊盜應判絞刑」；而在德國（日耳曼）一般對強盜或強盜殺人判處斬首，而非絞首。因為比起偷偷摸摸的竊盜，強盜和強盜殺人比較不丟人（阿部謹也《刑吏的社會史》中公新書）。

在日本，如同大家所熟知，分為切腹與斬首，斬首反而是一種恥辱。切腹和斬首都是只適用於武士階級的刑罰，而對當時的武士階級來說，切腹和斬首的差異好比天與地。切腹是「得以自裁的武士」之象徵，「所謂武士道，就是對死的覺悟」（《葉隱》）之精神性。切腹作為一種死刑，其特殊性甚至讓人懷疑其刑罰性。

那麼武士階級以外呢？江戶時期的刑罰規定是典型的身分刑法，武士階級與除此之外的庶民階級運用的是完全不同的刑罰體系，而武士以外的庶民階級適用的死刑也有所區別。

比方說，庶民刑法中標準的死刑就是「死罪」，比此輕的死刑為「下手人」，更重的死刑為「獄門」。

同樣是剝奪生命的刑罰，「死罪」在處刑後遺骸歸公，作為試砍和解剖之用；如為「下手人」，遺骸可歸還家人；「獄門」的情況表示首級會懸掛在獄門儆示。這些對庶民執行的死刑，皆用刀斬斷首級，卻與武士階級的「斬首」不一樣。對武士的斬首會在特定刑場，於白日下實施；對庶民的斬首則會在牢內執行，因此刑罰上並不稱之為「斬首」。

死刑也包含死亡方法，其刑罰的性格會受到執行方法所左右。

也就是說，所謂死刑，並不是單純剝奪生命的刑罰。這是一種以特定方法賦予死亡的刑罰，而該特定方法中，存在著刑罰的重要意義。所以，本於人道死刑這個概念，嘗試藥物注射等讓死刑無色化，不免讓人產生疑問。若進一步讓死亡方法無意義化，只會更加失去其刑罰的本意。

換句話說，死刑是以一種被賦予特定意義的方法，強制死亡的刑罰；

反過來說，該特定方法即是問題之一（《日本國憲法》中禁止殘虐的刑罰方法）。

那麼強制「死亡方法」還有其他哪些問題呢？或者並沒有問題？

死刑的感動與啓發——日本的死刑執行

現在日本死刑的樣態與江戶時代不同，具備特殊的意義。

日本的死刑如同前述，執行方法規定為絞刑，但是除了執行方法的問題之外，整體看來具有極特殊的一面。

最能明確佐證此特殊性的，就是到死刑執行為止的期間。日本有意識地讓死刑確定後到執行為止，間隔相當長的時間（統計上平均為七年十個月）。儘管在《刑事訴訟法》中規定，死刑判決確定後，六個月內必須執行死刑（說得更詳細是六個月內發布死刑執行命令，之後五天內必須執行絞刑［**《刑事訴訟法》第四百七十五條第二項與第四百七十六條**］），卻還是有這樣無視法律的常態。

至於為什麼要這麼做，可能是因為希望死囚最後能悔改，再接受執行。在這段期間中，會有所謂「教誨師」的虔誠宗教家協助教化。現在的宗教教誨由於宗教自由，只在本人期望時進行，不過戰前則是強制執行。

日本的死刑當局（審判相關人員、監獄相關人員）抱持著什麼樣的死刑觀？那就是「唯有洗心革面後再接受死亡，才是最高的代價」。他們認為，死囚要先面對自己的罪行、深刻自覺，也就是洗心革面。洗心革面後再接受死亡，這樣才有贖罪的意義。這就是他們所認為的「以死償還」。

所以，他們也會談到死刑的積極意義，例如認為因為有死刑，犯人才能真正更生云云。

這樣的死刑觀認為，死刑在刑罰的感動與啟發上，具備無期徒刑等其他刑罰所沒有的戲劇性改善效果。犯人透過面對死亡，才終於理解自己所作所為——剝奪他人生命——的意義，也才真正了解做出這些事的自己。其他的刑罰，絕對無法期待有「洗心革面」等如此戲劇化的更生效果。

這個觀念從好的一面來看，或許可以說是藉由死來肯定生，或者也可以視為藉由死刑來肯定人性。

死囚與哲學家的對話——風俗業界最底層命案

很諷刺的，品川風俗店命案相當可以象徵日本死刑現狀。這是一樁發生在阪神大震災、地下鐵沙林毒氣事件的同年（一九九五年），於東京都風俗區發生的特殊殺人案。

一間店鋪擴及品川區和港區的風俗店（SM俱樂部）男性員工殺害老闆和店長，將店占為己有。老闆和店長每個月靠經營風俗業有超過一千萬日圓的暴利，而眼紅的員工找來自己的雙胞胎哥哥和曾經混過幫派的人，引發這次事件。簡單來說，就是一樁圍繞著風俗行業的豐厚油水，在瘋狂價值觀中產生的社會暗處弱肉強食命案。

這個事件的主犯員工被判死刑（**東京地方法院一九九八年六月五日判決、東京高等法院二〇〇一年九月十一日判決、最高法院二〇〇五年十月十七日判決**；其雙胞胎哥哥為無期徒刑）。羈留期間，在獄中發生戲劇性的變化。

面對死刑，他開始內省「自己有沒有求善之心」，思考蘇格拉底思想中「何謂活得良善」，開始和某位女性哲學家以書信往來的方式，進行關於殺人、死刑、「生與死」等各種哲學對話。

對話對象是前女性雜誌模特兒的年輕新銳女哲學家，因而造成話題，兩人之間往來的書信同時刊載在週刊雜誌上，後來發行單行本，還數度再版（**池田晶子＝陸田真志《死與活——獄中哲學對話》新潮社**）。

書中提到，被告人表示「死刑制度之所以存在，是因為有像我這樣的犯罪者」「犯了罪的人說要廢止死刑是不對的」，甚至斷言「自己獲判死刑是好事」「可以帶著幸福的心情接受死刑」。

單行本出版後第十年執行死刑，這個時候曾經與他心意相通的女哲學家已經早逝。

「悔改而死」的欺瞞

現在日本的死刑執行概況大致如上。最理想的狀況是死囚重新自省犯下的過錯、悔改、接受自己的死亡，當局也預設在這個前提下執行死刑。

然而，「死囚面對死亡、自覺罪行，洗心革面」「洗心革面成為『好人』，接受死刑，然後赴死」「這才是最高的代價」等理念，實在太美好也太虛假。從品川風俗店命案來看也可以知道，其中實在太不自然，而且完全無法保證當局是否如此希求。或許只是想以國家所希望的特定方法來強制死亡而已。

舉例來說，在執行死刑前的拘禁期間，採取徹底的防止自殺措施。如果死囚在死刑執行前嘗試自殺，即使是瀕死狀態，或者即使可能留下嚴重後遺症，都必須盡量搶救。救回這條命後，執行死刑。

這種現象不僅限於日本。不過，這也是一面映照出日本死刑執行之欺瞞的鏡子。如同前面所說，國家絕不會讓死囚自殺，企圖以死刑來斷絕其生命。即使死囚靠個人的力量面對死亡、自覺罪行而嘗試自殺也一樣。不能縱其自殺，必須鄭重以國家之手來執行。

也就是說，日本的死刑執行希望「死囚自覺罪行、洗心革面」；「洗心革面，接受死刑，然後赴死」，「這才是最高的代價」，這其中偽裝成「為了死囚」，就是一個謊言。不見得考慮死囚或罪與罰的本質，也並沒有考量到被害人的心情；或許多半是國家的思考、盤算，是日本國家如此期望。

連死亡方法的心態，都必須絲毫不差地符合國家想法，豈不是連死亡的時間和內在都必須依照權力的意欲？在這裡，真正的意圖或許只是希望死囚能依照國家的意思死亡。

光是強制死亡本身還不滿足，這樣的做法可以說試圖跨進個人內在，強制控制其「死亡方法」的精神面。不僅如此，從死刑的確定到執行之間的時間，到死之前如何度過最後的人生，都受到權力方的控制。

日本的死刑執行是讓死囚依照國家期望的方式活著，然後死去。整體的色彩無疑充斥著「個人（死囚）該有的樣態」之國家精神。

連死亡方法都企圖控制的貪婪權力技術

這麼說來，這種樣態可說就是傅柯所謂的規訓權力。因此，我們不該單純地把當局想法當成正當的理念。假如照單全收，或許只是順從死刑權力那雙「看不見的手」。

日本死刑執行的現狀有明顯特徵：採用「密行主義」，當天早上突然告知即將執行（早餐後告知、上午執行完畢，也不通知家人）；不允許接觸他人，實行「晝夜完全獨居制」（運動、入浴分別在單獨運動場、單獨浴室中進行）；以穩定心情為名目，限制面會、通信等。這些都與日本死刑執行的精神主義相關。因此，儘管受到聯合國人權委員會的勸告、國際社會的譴責，也始終不更改，反而強化其特性。

傅柯批評，近現代國家介入人類的生命，企圖將個人改造為對國家方便的存在。他也提出警告，國家權力出於這個目的，甚至開始規範個人到「該成為什麼樣的人」的自由層次。

日本的死刑執行尋求極為特殊形式的「死亡」。

這和該採用絞刑或斬首刑，或者該尋求更加「人道」的方法，轉移為電椅、毒氣室、藥物注射的討論又不同；並非客觀執行方法的討論，而是更加敏感且深層的問題。

所謂死刑，是以一種被賦予特定意義的方法來強制死亡的刑罰，在「賦予死亡的方法」上也有重大意義。不過現代法治國家中，並不允許採用殘虐的死亡方法。那麼死亡方法的內在又是如何？可以對死囚強加倫理概念嗎？可以強加國家精神嗎？

死刑問題包含「國家可以涉入個人內在多少？」這個與個人內在自由相關的論點。其中可能發生傅柯所強調的人類自由危機，也並非杞人憂天。

像日本當局一樣，將死刑視為終極的代價，並認為這是一種人性尊嚴的想法，也很接近我國固有的共通情感「物哀抒懷」，我們確實也很自然而然地接受。另外「罪行—制裁—死亡（＝救濟）」這個循環，令人想起注定與死亡密不可分的人類存在之編劇手法，從深處撼動了我們在人性根源處，希望從自己的死亡中找到救贖的願望。再者，儘管是有罪的死囚，人確實也會藉由自己的死，奇蹟式地成就其主體性或者守護自己的尊嚴。

然而，將內在願望疊影在他者的死刑上，或許只會導致自他生死觀的界線模糊。沒有任何人能保證，這不是一種單純的幻想。

我們不應該肯定日本死刑執行的一切，反而應該察覺到在這其中權力的貪婪技術。

第十一章

內亂與死刑

国内騒乱と死刑

另一種死刑原理
班雅明《暴力的批判》
內格里的革命論
暴力裝置的等式
奧姆審判為一場司法戰爭
司法戰爭的敗者

另一種死刑原理

「除了針對殺人的死刑」這個問題之外，還有完全不同領域的死刑問題。那就是從以前持續至今，也在某種意義上始終被視為理所當然，對政治犯、革命者執行的死刑。

我們向來認為，有志從事政治革命等大事的人，都願意為了自己所深信的革命信念賭上性命，也很自然接受「革命或者赴死」等標語。當為了革命而賭命的戰士揭竿卻失敗時，很少人會認為不該判處死刑，應該判處終身刑或無期徒刑。假如切·格瓦拉在玻利維亞被捕、槍殺之前說「我不該接受死刑，終身刑就已經足夠」，相信大家都會有種受騙的感覺。

歷史上看來，內亂或外患罪（與外國勢力共謀企圖顛覆國家之罪）判處死刑是常見的情況，現在許多死刑存置國也多是如此。日本也規定有內亂、外患罪。對國王的叛逆罪也具有同樣性質（相當於日本的大逆罪〔《刑法》第七十三條，現已刪除〕）。

如前所見，死刑廢止論的代表學者貝加利亞也明確肯定對外患罪應判處死刑（「市民之死可能有用的情形有：首先，當罪人與威脅國家安全之各項權力有關，且罪人之存在對於現已確立之政體可能誘發危險革命時」〔《犯罪與刑罰》〕）。

但是，要在法律的框架中說明此時死刑的正當性並不容易。因為這些犯罪（內亂罪、外患罪、叛逆罪）並不以殺傷人作為法律要件。實際上，在幸德秋水受到連坐判處死刑的大逆事件和櫻田門事件※當中，明明沒有出現任何死傷者，卻還是判處死刑。

這些案例從法學上來看，只能用國家的自我防衛權來說明死刑的正當性，但實際上這已經跨越了法律框架，不顧一切只為了維持既存國家秩序，因此這樣的說明也只是一種欺瞞。

在內亂和革命的情況下，於法律無秩序狀態中出現原始性的力量與力量的衝突，所以與其說是法律問題，這更屬於實力、暴力的領域。

霍布斯認為，自然狀態是「萬人對萬人的戰鬥」，為了讓人類社會得以維持秩序與和平，需要創造出絕對的權力，而所謂法律秩序便是藉由權力（利維坦）約束暴力（「萬人對萬人的戰鬥」）來實現的。不過，在這裡成為問題的是，無法納入霍布斯所謂「法律理路」的領域。

這與一個井然有序的和平世界中的死刑問題，很明顯有不同本質。我們必須看清楚暴力與權力論之間的界線。

※櫻田門事件：昭和初期向昭和天皇馬車丟擲手榴彈的事件。

班雅明《暴力的批判》

華特・班雅明認為，國家權力有兩種：一是維持、確認法律，為了強化其規範性效力而發動（「法律維持」）；二是重新訂定法律，為了賦予國民新的強制而發動（「法律創制」）。

前者是基於法律的權力行使；後者則是偏離法律的權力行使，因此根本上來說其實並無根據。所謂「法律創制」，並非意指訂定法律的正當權力，它包含甚至可以左右法律權力的意涵。

也就是說，後者的「法律創制」不管表面上採取何種形式（以往用的是武力征服，現代則採取議會制民主主義的形式），其內涵都是一種暴力的行使。

而在國家權力中，死刑權力和警察權力這兩種權力也往往不僅止於「法律維持」，同時常態性、日常性地進行「法律創制」。因此，具備其他國家權力行使所沒有的特徵，也就是班雅明所謂的「腐敗」：

「事實上死刑的意義並非處罰違法，而是確立新的法律。因為只要行使能左右生死的暴力，遠比執行其他任何法律，都更能強化法律本身。不過在此同時，也正是這一點，透過纖細的感性更可感受到法律當中有某種腐敗的存在。」（《暴力的批判》）

班雅明所謂「死刑中有腐敗的存在」，是因為死刑表現上是「法律維持」（法律的執行），卻對政治犯等進行「法律創制」（無根據的暴力行使）。

另一方面，班雅明認為社會權力、人權的行使也與國家權力一樣，具有原始的暴力性質。

比方說勞工權利之一的總罷工，在本書前言也曾經提到這一點。總罷工中當然感受不到「腐敗」，可是具備「法律創制」的要素，這一點與死刑還有警察權力的專斷行使是一樣的。在班雅明的《暴力的批判》中也論及總罷工是一種實現革命的特殊手段（序章）。

內格里的革命論

從左翼革命勢力的角度來看，暴力（或者說權力）與革命的關係為何？是否認同為了革命而起的暴力當中可以有某種特權的意義？

正統馬列主義認為，勞工大眾原本就沒有充分的階級意識和革命的意志，要由「前衛」（黨）加以刺激、引發暴力革命。革命並非在自然發生的勞工運動中產生，而是在黨的戰略指導下人為引發的流血事件。

實際上，列寧也煽動與外國戰爭的農兵，使其對自己國民（資產階級）開槍（戰爭肯定論）。在奪權後，取代以往受到壓抑的無產階級，開始公然宣稱壓抑資產階級（《國家與革命》〔*The State and Revolution*〕）。也就是說，列寧承認因武裝革命而成立的無產階級國家，也具有其他國家型態具備的壓抑本性。

儘管是改良式的修正馬克思主義，一方面認同可以藉由議會制民主主義，進行無血革命這條道路，同時在歷史上也可以看到肯定暴力革命的見解（**尚．饒勒斯〔Jean Léon Jaurès〕**[54]**、喬治．索雷爾〔Georges Sorel〕**[55]**、奧托．鮑爾〔Otto Bauer〕**[56]**等**）。也就是其立場肯定其實並非不可或缺的流血。

現代義大利政治哲學家安東尼奧．內格里（Antonio Negri）[57]認為，與政體相關的權力可以分為「被構成的權力」（constituted power）與「構成的權力」（constituting power）。「被構成的權力」是指被建構成法律制度的權力；「構成的權力」則是指構成法律制度本身的權力，是一種赤裸裸的權力。

「構成的權力」為法律制度的根源，但如果「被構成的權力」，也就是

54 尚．饒勒斯（Jean Léon Jaurès，一八五九～一九一四）：法國社會主義者、政治家。
55 喬治．索雷爾（Georges Sorel，一八四七～一九二二）：法國哲學家、社會理論家。
56 奧托．鮑爾（Otto Bauer，一八八一～一九三八）：奧地利社會主義者、政治家。
57 安東尼奧．內格里（Antonio Negri，一九三三～）：義大利哲學家、政治活動家。

國家制度成立之後，兩者勢必將難以迴避偏差或乖離的宿命（《結構式權力——近代之替代品》[*Le pouvoir constituant: essai sur les alternatives de la modernite*]）。

這種權力分析與班雅明對「法律維持」權力和「法律創制」權力的區分大致相同，不過內格里認為，所謂革命，就是當「被構成的權力」和「構成的權力」之間的偏差達到臨界點時，原本「構成的權力」所發起的運動。因此，「構成的權力」潛在包含著接下來即將來臨的革命，革命被稱為一種「潛勢力」。

換句話說，內格里的論點在革命和權力的關係上，與班雅明幾乎相同。在他的理論中，革命是「構成的權力」中的「潛勢力」，也可以說是一種「法律創制」的權力。

內格里在一九七九年因為「紅色旅」（Brigate Rosse）[58]事件（莫羅首相暗殺嫌疑等）被捕，之後政治逃亡到法國，是個貨真價實的政治犯、左翼活動家。從政治犯的角度來看，其革命的性質論也並無改變。

知名的納粹御用學者（法律顧問）卡爾．施密特，將非常時期的權力專斷行使視為「例外狀態下的超法規決斷」，使其正當化，不過內格里則認為卡爾．施密特是「構成的權力」的先見理論家，將其作為革命論的基礎。

不管是資產階級民主主義革命或者無產階級革命，革命在人類歷史上並未具備任何特權意義，只被視為一種暴力，或者一種權力。

暴力裝置的等式

根據這種權力論，總罷工騷亂、動亂、內亂、革命……都是「法律創制」之權力作用的場景。

同時，當該嘗試失敗，首謀者被既存權力判處死刑，也一樣可以看到「法律創制」式權力作用的場景。

對政治犯判處的死刑，不僅從現象來看，從權力論來看，也與政治犯企圖顛覆國家的嘗試等值。對政治犯判處的死刑，儘管可以強烈感受到班雅明所謂的「腐敗」，卻依然與內亂、革命暴力等值。

58 紅色旅（Brigate Rosse）：義大利極左翼軍事組織。

實際上在內亂中，革命勢力在革命成功、達成目標的過程中，為了留下「革命成就」的證據，往往會對既存統治者進行「處刑」。不管這是以立即審判判處的死刑，或是在混亂中不經審判實行實質死刑，無論形式為何，都無疑是班雅明揭櫫的「法律創制」之權力行使。其背景並非出於只允許革命勢力有流血特權，或者在非常時期民眾停止思考的結果，而是在兩者之上，渴求犧牲的權力（逐漸樹立的新權力）之本質。這種歷史現象必須從這個角度來理解。

班雅明說革命是一種「神的暴力」或者「純粹暴力」。既然如此，當革命失敗，對政治犯進行的死刑也可以冠上同樣稱呼。此時甚至無須探究死刑的根據，只要拿出非常時期「法律創制」的權力，死刑的權力關係便已成立。

康德一方面表示，只支持由自由、平等、法律支配所形成的共和制這種國家體制（《論永久和平》[*Zum Ewigen Frieden*]），另一方面也認為，當統治者背離共和體制轉為暴政時，反抗暴政統治的人民即使是為了自由，也只能根據大逆罪被判處死刑（《道德形而上學》），這就呈現了類似的概念。

奧姆審判為一場司法戰爭

內亂罪的適用成為問題的例子在歷史上並不多見。

內亂本身在日本從明治時期起，陸續有佐賀之亂（一八七四年）、萩之亂（一八七六年）、西南戰爭（一八七七年），此後從未根絕。

而就算不適用如同字面的內亂罪，也有些事件帶有同樣權力行使的色彩。例如大逆事件，還有奧姆真理教事件也明顯有此傾向。

從昭和末年（一九八九年）到一九九五年，奧姆真理教引發的一連串殺人、監禁致死等事件中，遭受被害致死者二十七人、負傷者約六千人，另一方面遭起訴的教團相關人員超過一百八十人，包含教祖在內有十三人獲判死刑。儘管這一連串事件中心是一九八九年的坂本律師全家命案、一九九四年的松本沙林毒氣事件，以及一九九五年的地下鐵沙林毒氣事件，但整體來說，這一連串的事件不僅帶有強烈的恐攻色彩，也伴隨著出自宗教狂熱所衍生的國家顛覆計畫。另外，奧姆真理教甚至建設沙林毒氣製造工廠，企圖以化學武器發動武裝革命。

審判中，對教團幹部十四人求處死刑，在法院除了一人以外其餘全部做出死刑判決，剩下一人判處無期徒刑（不過為特殊無期徒刑判決），也就是前面所說的「實質終身刑」判決。

檢察官對於所有被告人以一般犯罪進行起訴，但辯方曾經對一位被告人提出應適用內亂罪的主張。

奧姆真理教事件確實帶有內亂的要素，但是就根本上來說，國家權力不可能完全沒有發現到此種包含內亂危險的事態存在。司法權力也一樣。

實際上，最高法院在進入平成[59]之前，為了預防首都內可能發生內亂導致的大混亂，曾經對東京地方法院本廳的刑事部（刑事法院）進行組織體制與人事體制上的措施，以期充分保留處理事件的餘力。因此影響到都內其他支部（東京地方法院八王子支部，現立川支部）的刑事部，需承擔較大的負擔。此舉雖然並未具體明言是以奧姆為目標採取備戰體制，但確實考量到國家陷入危機的狀況，以備萬一。

後來，奧姆真理教也確實發動前所未有的化學武器恐攻事件，東京地方法院彷彿已經做好準備般，從一般三位法官審理的體制（合議體）臨機應變改為四人制和五人制，迅速因應。

警察、檢察官等日本國家暴力裝置這一連串的措施，都是國家對奧姆真理教的掃蕩、毀滅戰，而法院本身也進入備戰狀態，準備投入這場戰爭。

司法戰爭的敗者

奧姆裁判確實是一場司法戰爭。

所以如同前述，儘管求處死刑，最後卻出現一個實質終身刑判決的人，這個事實震驚了法曹界。就算已經科處實質終身刑這種重刑，法院駁回檢察官的死刑求刑，就表示已經退出這場司法戰爭。

這是一種極為不上不下的權力行使。同時也可以說，法院依然在司法原本的權能「法律維持」這個領域中踏步。

無論如何，整體看來，奧姆真理教事件的死刑並非單純「法律維持」

59 平成元年為一九八九年。

的權力行使，而是「法律創制」的權力行使，也就是赤裸裸的主權權力作用。此外，奧姆真理教所引發的一連串事件和對這些事件的審判，彼此之間可說是一種「構成的權力」的衝撞。

反過來說，也因此成立了穩固的死刑權力關係，市民對於死刑這個結論也從未有疑。

更具體地說，在現代社會中使用生物武器或化學武器，不僅具有單純殺人的意義，相對之下，如果對這類犯罪的死刑是以不殘虐的方法進行，那麼就沒什麼否定生命刑的理由吧。地下鐵沙林毒氣事件等如同前述（詳見第九章），以無差別隨機殺人這一點看來，基於「安全社會」的理念可以讓死刑正當化；同時，就使用化學武器的毒物恐攻這點來看，也找不出死刑之外的選項。

第十一章

戰爭與死刑、國際社會與死刑

戰争と死刑、国際社会と死刑

「戰爭＝死刑」的關係論

戰爭作為一種祭典

國際正義分裂症

何謂日本死刑的獨特色彩？

死刑廢止的國際潮流

從世界視野看日本的死刑

「戰爭＝死刑」的關係論

我國的知識分子中，不少人都認為放棄戰爭（《日本國憲法》第九條）與廢止死刑有關。丸山真男（政治學）、家永三郎（歷史學）、團藤重光（法學）都各自從所學領域主張，憲法中放棄戰爭（的精神）可歸結到死刑廢止上。

這些論點都在一開始即對死刑制度進行價值判斷，並在定調為死刑廢止論後展開進一步的論述，因此對這些論點不能照單全收。如果從類似本書的切入點看來，事情正好相反。

站在《國際法》、國際政治的觀點，第二次世界大戰後的國際潮流明顯偏向廢死，儘管這樣的潮流具備特定的意義，但對日本而言意義也僅止於此。在死刑存廢問題上，日本屬於世界上的少數派。在這樣的國際潮流下，關於戰犯等國際處罰問題，漸漸確立了不採用死刑的方向，不過仍然侷限在極狹窄的範圍內。例如，美軍發動特殊作戰殺害賓拉登一家，並在伊拉克戰爭後執行海珊前總統的死刑等，這類審判前執行實質死刑，或者以國內審判判處死刑作為最終解決的例子，仍然很多。

在此，終戰後對戰犯的處罰問題等容後再談，先來探究戰爭與死刑的關係。

之所以想進行這樣的討論，是因為近年的戰爭論中出現下列問題狀況。首先，事實上在冷戰結構瓦解後，戰爭的實態有了明顯變化。在《國際法》上，原本戰爭的概念是對等的主權國家互相宣戰，進行彼此衝突，類似「決鬥」般的武力行使；但是，近年來的戰爭隨著全球化的腳步演變，漸漸改變為超大國斷定對方為「惡」，以壓倒性的戰力單方面施加制裁的刑罰型。在戰術上也變得可以以空炸為基本戰略，利用遙控操作的方式帶給對手國損傷。由此看來，行使武力的戰爭本身開始變得與國內刑罰執行的死刑，有幾分相似。

另外，從權力論來看，拆解國家制度成立的關鍵，則有「戰爭機器」（machine de guerre）這個觀點，以戰爭機器的功能來看，死刑與戰爭也有共通之處。德勒茲（Gilles Deleuze）[60]與瓜達希（Pierre-Félix Guattari）[61]認為，國家企圖將「戰爭機器」內嵌到制度當中，正是國家權力的本質，這

60 德勒茲（Gilles Deleuze：一九二五～一九九五）：法國哲學家。

61 瓜達希（Pierre-Félix Guattari：一九三〇～一九九二）：法國哲學家、精神科醫師。

是從世界史觀點看來最重要的問題（《千高原》[*Mille Plateaux*]）。

死刑制度可以說是將「戰爭機器」內嵌於國內的結果。由此看來，國內與國外、死刑制度與對外戰爭，這兩者合併起來，整體可說是一個巨大的「殺戮機器」※。

再換個觀點說，戰爭是國家命令士兵殺敵，死刑則是國家命令監獄官對犯罪者執行死刑。也就是說帶有國家主導之殺戮強制的意義。加上這層意義來看，國內與國外、死刑與戰爭，這兩者整體來說或許可以用「殺戮強制機器」來表示。

再者，戰爭不僅對於他國國民，對於本國國民也可能是一種殺戮。三十四歲英年早逝的行動哲學家西蒙娜・韋伊（Simone Weil）[62]曾說：「所謂戰爭，除了是對敵方國民的殺戮，同時也是殺害本國國民的機制。」國家發動戰爭時，已經有心理準備必須消耗相應的兵力，也就是國民生命，卻依然以徵兵制讓國民前往死地，那麼發動戰爭就是一種國家高層對國民的預謀企圖。因此學者認為，出於正義之戰、為了解放人民之戰等說法，完全是無稽之談（吉本隆明《我的「戰爭論」》）。

站在這樣的觀點，再對照美國在韓戰與越戰中，派遣大量弱勢士兵前往危險前線這個周知事實，確實出現讓人無法忽視的聯想。無論如何，既然發動戰爭，很明顯無法避免本國士兵或多或少的死亡，戰爭強制性地造成本國國民的死亡這個事實確實存在。

以上是權力論觀點的看法，那麼從正義論來看，國內死刑制度與對外的武力行使問題又有著什麼樣的關係？

※德勒茲與瓜達希的理論是站在一種暴力史觀，連結國家制度與人類的殺戮衝動，認為原始殺戮衝動透過制度化得以在國家內進行控制，試圖探究國家權力的成立，並未考慮到對外戰爭。以上的說法已經脫離了他們的基本思想，在此僅作為一種類比討論。

62 西蒙娜·韋伊（Simone Weil，一九〇九～一九四三）：猶太人，神祕主義者、宗教思想家、社會活動家。

戰爭作為一種祭典

國家之間的戰爭，或者國際社會上的武力行使，哲學和社會學從以前就由於其與法律、倫理的關係而特別視之，有時候甚至認為不在討論範圍之內。首先是黑格爾。

黑格爾認為當和平長期持續，個人習慣於安逸生活，造成社會整體遲滯時，如果偶爾不發動戰爭，國民精神將會腐敗，因此他讚揚戰爭，曾經有如下言論：

「如同我們在歷史上所頻繁目擊，戰爭與其勝利可以促進在和平中沉浸於私利、原子化的個人合力團結，將其拉回民族的現實。因此國家之間的爭端，只可由戰爭來解決。」（《法哲學原理》）

時代逐漸演變，到了一九七〇年代，羅傑・凱窪（Roger Caillois）[63]依然做出這樣的論述：

「戰爭與和平的週期就像是祭典與平時的週期。戰爭和祭典也伴隨著道德性規律的根源逆轉。戰時可以殺人，也不得不殺，但平時殺人則是最嚴重的罪行。而平時被奉為神聖的真實或個人所有物，在戰時也不會獲得尊重。同樣的，吃具有象徵意義的動物、與同族女人交歡等這些平時被視為褻瀆的行為，在祭典中也可以，甚至必須進行。不管在戰爭中或者在祭典中，都有義務要做出違反日常規範、超越法律的犯罪行動。」（《戰爭論——藏在我們內心的女神貝羅那》[*Bellone ou la pente de la guerre*]）

凱窪在第一次世界大戰到第二次世界大戰期間，一貫其反法西斯、反納粹的立場，是位留下許多文字著述的社會哲學家和文藝評論家。他的戰爭論被稱為祭典戰爭論。

63 羅傑・凱窪（Roger Caillois，一九一三～一九七八）：法國文藝評論家、社會學者、哲學家。

國際正義分裂症

在《國際法》的領域中，經過第一次、第二次世界大戰後，表面上戰爭被視為違法（《巴黎非戰公約》《聯合國憲章》）。不過，從波斯灣戰爭和九一一恐攻後的阿富汗、伊拉克戰爭也可知道，這只是表面說詞。而且這些武力行使非但實際發生，更受到正義觀點的支持。

為了報復九一一恐攻發動的阿富汗戰爭、伊拉克戰爭，已經有邁克爾．沃爾澤（Michael Walzer）[64]、吉恩．貝思克．艾爾斯坦（Jean Bethke Elshtain）[65]等著名政治哲學家、倫理學家明確表示支持。

在此之前的波斯灣戰爭，則有李歐塔（Jean-François Lyotard）[66]和哈伯瑪斯等代表現代思想的知識分子支持此戰鬥行為和殺戮，並視為正當行為。

碰巧與兩德統一同時發生的波斯灣戰爭，以及九一一恐攻後的阿富汗、伊拉克戰爭，嚴格來說有法律上的差異。其武力行使是否基於聯合國決議、是否組織多國籍軍隊等，從《國際法》上來看都有不少差異。

然而，從正義論和倫理學的觀點來看，這些都並非本質問題。不管怎麼說，殺害對手國士兵，並捲入非戰人員使其死亡，都被視為正義，李歐塔和哈伯瑪斯都這麼認為。他們並非單純基於國家戰略如此辯論，而是站在思想、哲學上，真心認為這是正義。

實際上，在這些戰爭中為了效率，在戰略上經常運用無可避免帶來非戰人員死亡的空炸，殺害老人小孩等多數市民。簡單地說，只要離開自己國家一步，就可以允許這些殺戮。這就是美國和歐洲世界的看法，也正是美國和歐洲知識分子的思維。

然而，這麼一來勢必會出現這樣的疑問：光是國內廢止死刑豈不枉然？國內廢止死刑，或許會減少每年幾人頂多十幾人的死因，但一踏出國就殘殺數萬市民，就整個國家來看無可避免這其中的矛盾。再加上如同西蒙娜・韋伊所說，對外戰爭——徵兵制會帶來本國士兵的犧牲——是一種無差別式讓本國國民赴死的強制性裝置，結果更令人不知所為何來。

如果說國家權力最強權式的權力行使，以國內來說是死刑、對外則是

64 邁克爾・沃爾澤（Michael Walzer，一九三五～）：美國政治哲學家。
65 吉恩・貝思克・艾爾斯坦（Jean Bethke Elshtain，一九四一～二〇一三）：美國政治哲學家。
66 李歐塔（Jean-François Lyotard，一九二四～一九九八）：法國哲學家。

戰爭的話，從整體看來，呈現出好比分裂症一般的混亂。

英國在一九六〇年代、法國在一九八〇年代開始決意廢死。這兩國在當時的國內輿論都有過半數支持死刑，可說是不惜違反民意也要廢死的大膽舉動。另一方面，英法在波斯灣戰爭等戰事中對外殺害好幾萬市民，可以看出這些國家的偏頗、非民主且對外強硬。

那是一種對國內——儘管是惡人——也要保全國民生命，但對外的卻大量屠殺善人的權力。

國內與國外、死刑權力與戰爭權力，假如可以涵括這兩者，將整體稱之為「殺戮機器」或「殺戮強制機器」，那麼英法的這些權力樣態表現出明顯的帝國主義風格。由此看來，儘管廢止死刑，也可說是徒有表面人道的帝國主義色彩之廢止論。

何謂日本死刑的獨特色彩？

那麼日本又如何呢？根據《日本國憲法》第九條以放棄戰爭為由，不參加與國際武力紛爭相關的所有戰鬥行為，但在此同時，又是先進國家中罕有的在國內存置死刑、實際執行死刑的國家。整體來說與英法的權力呈現剛好相反。

將死刑權力和戰爭權力兩者視為一個「殺戮（強制）機器」整體時，其權力的樣態明顯是朝內的。雖說死刑存置，但與美國等不同，是一種極端內向的存置論。所以也曾有人據此指稱日本死刑為「自虐式」。

然而，「斷絕犯罪者生命，等於保全善人的生命」（藉由放棄對外戰爭來保全他國國民和本國士兵的生命），這個意義也可以說有其道理，明顯比英法的情況更具有一貫性。

因此，儘管有本章開頭提及的各家立論，《日本國憲法》第九條都難以連結到廢死。第九條原本對國內存廢論是中立立場，反而呈現出日本死刑制度的獨特色彩。

另一方面，現在日本基於《日本國憲法》第九條的文義，全面拒絕涉入任何國際紛爭的做法，開始面臨來自對外關係的困難，第九條的意義本身也因而漸漸有了變化。

首先，冷戰結束後的世界情勢中，日本對於國際紛爭的強制解決或者和平維持活動（ＰＫＯ），僅提供金錢協助了事，國際社會對此不以為然並視為問題，因此實際上在波斯灣戰爭以後，日本也不得不適度參與國際紛爭。例如波斯灣戰爭時的《國際和平協力法》、阿富汗戰爭（蓋達組織、塔利班組織的攻擊）的《恐攻對策特別措施法》，以及伊拉克戰爭時的《伊拉克復興支援特別措施法》等立法措施，實施後方支援，也派遣自衛隊。派遣對象不僅止於聯合國的和平維持活動，甚至及於以美國為主體所展開的軍事行動上（比方說《國際和平協力法》屬於前者、《恐攻特別措施法》屬於後者）。

另外，美日兩國基於《安保條約》的防衛協力這一點，日本在防衛上的角色也有不少變化。冷戰結束後，為了因應新的國際情勢，更訂定行動準則，制定《周邊事態法》[67]。當他國對日本進行武力攻擊時，得以日本為主體展開行動，而非美國；另一方面，對於美國所展開的「周邊事態」

行動，日本也必須支援美軍後方。

過去政府的解釋是行使集團的自衛權，不參與對外國的攻擊，但是最近這個立場顯現即將有巨大變化的徵兆。

這二十幾年來，儘管冷戰已經結束，但是人類走上揮別戰爭這條永久和平軌道上的可能，卻明顯愈來愈淡薄，《日本國憲法》中放棄戰爭的意義也不得不出現些許變化。

近年來，由於波斯灣戰爭後的國際情勢變化與日美兩國之間防衛協力關係的變化，《日本國憲法》放棄戰爭的意義出現動搖，連帶日本死刑制度的獨特性也出現動搖。這些現象本身雖然是事實，但動搖的方向卻是更往死刑存置傾斜。

67 二〇一五年改稱《重要影響事態安全確保法》。

死刑廢止的國際潮流

從國際上來看，一九八九年聯合國總會通過了死刑廢止條約（《國際人權公約》《自由權公約》《第二任擇廢死議定書》），之後許多國家陸續批准條約，現在批准國已經超過八十多國（日本當然沒有批准）。

實際上，死刑廢止國（完全廢止國）超過了九十國，包含準廢止國（①僅對內亂罪等非常事態或軍法會議的處刑上承認死刑，其他皆廢止的國家；②事實上已停止執行死刑的國家）在內，已達一百四十國。歐洲除了白俄羅斯共和國以外皆為廢止國（完全廢止國）。另外，死刑存置國目前有五十多國，不過逐漸減少中。

然而，即使在現今國際廢死潮流下，存廢狀況以人口比來說，世界上有六〇%以上的人口活在死刑制度下（因為中國、印度、美國等多人口國家為死刑存置國）。

如同本章開頭所說，戰犯和滅種（集團殺害罪）等大規模殺戮是國際刑罰關係上的一大問題。針對此問題，預計排除死刑，以終身刑為最高刑責（一九九八年聯合國外交會議中議決《國際刑事法院羅馬規程》）。也就是說，國際刑事法院是在國際社會上裁決個人刑事責任的常設法院，其規程上舉出的「可適用刑罰」只到終身刑為止，並未訂定死刑（《國際刑事法院羅馬規程》第七十七條）。

但是，這條規程原本即考慮到處罰國家元首的權力犯罪等可能性，屬於相當特殊的問題。其淵源來自第二次世界大戰後紐倫堡審判與東京審判所依據的紐倫堡國際軍事法院條例。

再者，儘管有國際刑事法院，也並不排除適用國內的刑罰（《國際刑事法院羅馬規程》第八十條），最後許多時候都無法阻止死刑的判決。只要國內法訂定死刑，不須將犯人引渡給國際刑事法院，即可在國內加以審判、適用死刑，並且執行死刑。伊拉克戰爭後海珊前總統的死刑執行經過正是如此。

因此，這可說是在相當狹小範圍內的問題（「互補原則」）。也就是說，國際刑事法院無法取代各國法院，只能在國內法院不積極行使權限時，進行互補式的審判，終究只能在庇護敗戰國家元首的戰爭犯罪等情況下介入而已。

所以，日本也在二〇〇七年成為上述「羅馬規程」的締約國。

從世界視野看日本的死刑

國際潮流趨向廢死已經無庸置疑，國際社會對國內存置死刑的國家施加壓力、批判愈來愈強，也是不爭的事實。然而另一方面，美軍以特殊作戰公然殺害賓拉登一家，現在的國際社會卻未曾表示異議。

這種不容分說的「暗殺死刑」，就在沒有任何法律根據下漸漸受到承認。在這樣的狀況下，國際社會似乎還未充分具備介入他國國內問題、要求廢死的條件。

廢死的實態不能忽視與警察權行使（警察武器使用之容許要件）的關係，即使在廢死國，也很少像日本這樣嚴格限制武器使用要件。只要事前允許進行射殺犯人這種最終處置，廢死的意義也就相對淡薄。

另外，在人類文明史中如果再將視野放大，死刑制度已經延續將近四千年。死刑與人類刑罰歷史一同誕生，自《漢摩拉比法典》以來始終存在。接受近代啟蒙思想洗禮，經過兩次世界大戰後，依然留存著這種法律制度，也就是法律確信。既然如此，儘管現代國際潮流走向廢死，仍有必要探問死刑制度至今仍然留存的理由，其中或許有著對人類存在來說不可動搖的原因。

現在從世界地圖來看死刑存廢狀況，仍然存置死刑的有：①死刑大國美國和若干中美國家；②伊斯蘭國家；③中國、北韓、印度等亞洲國家；④非洲獨裁體制國家等等，再加上日本。而日本的死刑制度屬於上述中的何者並不明確。在國際上看來偏向定位為③，但筆者以為不然。

無論如何，筆者希望日本的死刑是日本特有的死刑制度，為此，也必須重新從正義論、權力論等其他角度來探討。

這種探討與議論廣及國民，才能以民主主義來決定死刑存廢，而非決斷主義。如果沒有國內的熱烈議論，將無法解決這個問題。

結語

あとがき

結語

あとがき

光市母女殺害事件大大地改變我國的刑事司法。其中被害人（遺屬）控訴：「如果無法伸張死刑的正義，妻兒被殘忍殺害，獨留一人的家屬者該如何重新站起來？」

美國有些州在執行死刑時，遺屬可以在場。實際上許多參與處刑、親眼看到死刑的被害人遺屬都提到，看到犯人的處刑可以感到安心（斯科特·塔羅〔Scott Turow〕[68]《極刑》〔*Ultimate Punishment: A Lawyer's Reflections on Dealing with the Death Penalty*〕）。

沒有任何人能否定，對犯罪被害人來說這確實是不爭的事實。

另一方面，被害人情感不見得人人相同。一樁綁架勒贖命案中，高中生的女兒被殺，母親曾經吐露自己的心情：「比起不斷憎恨犯人，寬恕犯人，我女兒更能獲得救贖。」（朝日電視臺〈檢證死刑是否必要——女兒被殺的母親告白〉

《獨家消息》一九九二年二月五日放映）。

這也確實是犯罪被害人的真實心意。

另外，萬寶至馬達社長自宅殺人縱火事件中，失去妻女的被害人（遺屬）在向法務大臣提出的提議書裡這麼說：

「二〇〇二年八月五日這一天，讓我的人生自此不同。

結果在二〇〇五年十月逮捕的，是跟我和公司都素昧平生、完全沒有關聯的兩個男人。主犯小田島鐵男過去曾經八度服刑，在監獄內度過了二十八年。小田島表示與共犯守田克實是在第八次服役時，在宮城監獄內同房，出獄後一同計畫犯行。一個數度犯罪的人單純因為『想要錢』而犯下罪行，對我來說除了荒謬之外無以形容。

然而，當我不斷思索、苦惱，為何明明自己什麼過錯都沒有，這樣的事卻發生在我和我的家人上，腦中突然閃過一個念頭，或許不讓同樣悲慘、荒謬的事件再度發生，就是我該擔負的責任和使命。」（馬淵隆一《對再犯防止之

68 斯科特・塔羅（Scott Turow；一九四九～）：美國法律推理小說家，現任律師。

提議》）

馬淵氏認為，被害人（遺屬）並非不希望求處死刑；但是另一方面，以日本的現狀來說，一旦冠上犯罪者的名稱後要重回社會有多麼困難，他提出監獄中徒刑意義的問題，提出為出獄者設立中途設施等改善政策。其中一部分已經落實為國家政策。

或許社會只能不斷反覆這樣的思考，往前邁進。

筆者花了幾乎一整本書推演的概念思考，具體來說或許就是以上的想法。如同前言所述，我本身的立場是死刑存置論。無法斷定是單純的死刑廢止（否定）或存置（肯定），或許才是真正的問題所在。假如對於死刑論的態度不容曖昧，我的立場會屬於確信式的肯定論。但是我認為，作為一個確信式死刑肯定論者，要比確信式死刑廢止論者更難。

因為首先，死刑的正義論如同本書第三章中所見，要找出死刑制度的終極根據，並沒有那麼容易。

其次，要找出死刑制度的終極根據，肯定死刑，必須徹底排除所有偽根據和謬誤邏輯，不可缺少批判性認知（近代哲學所謂知識論式的批判）。舉個例子來說，這就像班雅明在《暴力的批判》中徹底批判暴力（國家權力）本質後，最後的最後還是肯定「純粹暴力」有一樣的意義。

如果對於死刑樣態的批判不夠充分，那麼也只能接受「被死刑權力奴役」這個汙名。

第三，本書中提及的死刑冤罪問題，在法治國家中這個問題性不可小覷。在仍有冤罪的可能性下持續讓死刑制度存在，不管其目的和理由為何，都不得不接受讓「無罪者流血」的思想。這種思想本身一方面是一股異風，足以動搖自基督教傳統以來的人類倫理根柢，另一方面也有作繭自縛的一面，可能會化為飛箭再次回射到自我存在上。

戰後日本發生的死刑冤罪，光是司法當局官方承認的至今就已經有四件。這些都是在死刑確定後、執行前確定為冤罪。假如包含已經執行死刑的案例或者在獄中死亡的案例，實際數量可能有兩位數。

要當一個確信式的死刑肯定論者，必須做好自己可能因冤罪被判死刑的心理準備，否則就只是一種欺瞞。

現在，我暫且在此結束這段道路。首先要感謝伴我走過這一路曲折迂迴的筑摩書房松本良次先生。當然，還有相伴至此的所有讀者們。

死刑肯定論

死刑肯定論

日本殘像 8

作者｜森炎（Honoo Mori）
譯者｜詹慕如
企畫選書｜陳子逸
責任編輯｜陳子逸
裝幀設計｜許紘維
審定｜沈伯洋（撲馬）
校譯｜吳楷軒
校對｜渣渣

總編輯｜張維君
行銷主任｜康耿銘

社長｜郭重興
發行人暨出版總監｜曾大福
出版｜光現出版
信箱｜service@bookrep.com.tw

發行｜遠足文化事業股份有限公司
地址｜231 新北市新店區民權路 108-2 號 9 樓
電話｜(02) 2218-1417
傳真｜(02) 2218-8057
客服專線｜0800-221-029
法律顧問｜華洋國際專利商標事務所／蘇文生律師
印刷｜成陽印刷股份有限公司

初版｜2018 年 7 月
定價｜380 元
ISBN｜978-986-96202-5-3

歡迎團購訂購，另有優惠
請洽業務部（02）2218-1417 分機 1124、1135

國家圖書館出版品預行編目資料

死刑肯定論
森炎著；詹慕如譯．
初版．-- 新北市：光現出版：遠足文化發行，2018.07
316 面；14.8×21 公分．--（日本殘像；8）
譯自：死刑肯定論
ISBN 978-986-96202-5-3（平裝）
1. 死刑　2. 日本

585.51　　107006730